한 단어 사전, 개인個人

한단어사전,
개인

한 단어 사전 個人

사쿠타 케이이치(作田啓一) 지음
한림대학교 한림과학원 기획   김석근 옮김

푸른역사

한 단어 사전을 펴내며

한 마디 말에 역사가 있다. '자연'도 '나라'도 '기술'도 시대와 함께 그 의미를 변화시키고 또 시대의 층을 헤쳐 나옴으로써 의미 내용을 풍부하게 해왔다. 부정적인 의미가 긍정적인 것으로 변화하는 경우도 있다. 예를 들어 '와비ゎび(한적한 정취)·사비さび(예스럽고 차분한 아취)'가 그렇다. 이와 반대로 예전에는 성전聖戰으로서 긍정적인 의미를 띠었던 '전쟁'이 오늘날에는 부정적인 뉘앙스를 지니고 있다. 한 단어, 한 단어가 역사와 함께 살아 숨 쉬고 있다.

많은 언어가 다른 문화의 영향을 받는다. 현대 일본어는 예로부터 전해져 내려오는 일본어(야마토 고토바)와 중국에서 유입된 한자漢字·한어漢語로 이루어져 있다. 무로마치室町 이래, 특히 막부 말기·메이지 이래의 구미어歐美語에서 온 번역어와 구미어를 가나カナ문자로 표기한 외래어가 여기에 더해졌다. 번역어나 외래어의 의미 내용은 원어의 그것과 반드시 일치하지는 않는다. 그 차이는 문화의 차이를 예민하게 반영한다. 예컨대 메이지 초기에 번역어로 채용된 '자유'는 오해를 피하기 위해 주석이 필요할 정도였다.

번역은 말의 엄밀한 정의 위에서 행해진다. 원어와 번역어에 내재되어 있는 각각의 풍토 차이도 고찰의 대상이 된다. 이러한 작업을 필요로 하지 않는 외래어의 무한정한 유행은 바람직한 현상이라고 할 수는 없을 것이다.

오늘날에는 또한 말의 조작에 의한 대중 조작 현상도 보인다. 말의 의미를 고의적으로 왜곡시키고, 계획적으로 특정한 말이 유행하도록 만든다. 말에 대한 무감각을 조장하는 이러한 유행 현상은 원래는 문화나 우리 자신의 사회 생활과 아무런 관계도 없는 것이다.

말은 그 지시 작용을 통해 사물과 교류하지만, 그와 동시에 정의 이상의 맛을 내포하며 우리들 속에서 살아 숨 쉰다. 한 사람, 한 사람이 자신의 말로 말하고 인간으로서의 본 모습을 보다 풍요롭게 만들기 위해 우리는 한 단어 한 단어의 내력을 더듬고 그것을 역사적·문화적인 시야 속에서 검토하지 않으면 안 된다. 《한 단어 사전》의 시도가 그 일에 조금이나마 도움이 되었으면 한다.

세간과
세상 사람

개인이라는 번역어의 기원

'個人(개인)' 또는 그 전신前身인 '箇人(개인)' 이라는 말이 일본에서 처음 사용된 것은, 메이지明治 시대에 접어들고 나서부터이다. 일본의 고어古語나 중국에서 기원한 외래어에는 '개인個人' 이라는 말이 없었다. 세간世間의 구성원이라는 의미의 '세상 사람' 이라는 말밖에 없었다. '개인' 은 서구의 individual의 번역어로서 탄생했다. 이 말은 프란츠Franz라는 독일 학자가 원저자인 듯한 《국가생리학國家生理學》(문부성文部省 옮김) 제2편(1884)에 나온다.[2] 제1편 (1882)에서는 '個人' 이 '箇人' 으로 쓰여 있거나 또는 다른 표현도 있었다. 제2편에 이르자 마침내 '箇人' 외에 '個人' 이라는 글자가 나타났으며 용례도 거의 오늘날의 그것에 가까워졌다(사이토 다케시齋藤毅, 《明治のことば—東から西への架け橋》, 講談社, 1977, 246쪽). 그 용례에 나타나 있는 '개인' 은 타자他者나 국가 권력으로부터 침해받지 않는 자유롭고 독립적인 존재이며, 지위나 직업이 무엇이든 거기서 분리되더라도 존립할 수 있을 것으로 여겨지는 평등한

한 단어
사전

존재이다(앞의 책, 229쪽 및 '個人', 《日本國語大辭典》, 小學館 참조)

　메이지 이전에도 네덜란드어 individuel의 번역어가 궁리되며 다양하게 옮겨져 왔지만, 그것들은 '한 사람—人'이나 '한 개인—個人'과 같은 식으로 언제나 '한—'을 수반하고 있었다. 1880년대 전반에 이르러서야 '한'이 떨어져 나가고 그냥 '개인'이 되었지만 그것은 단순히 표현이 간략화된 것에 불과하지 않았을 것이다. '한'이 가리키고 있는 것은 구체적 존재로서의 한 사람(개체個體라 불려도 좋은 존재)인 데 반해 '한'이 제거된 '개인'은 하나의 단위로 헤아릴 수 있는 것 이상의 무엇, 즉 자유롭고 평등한 추상적인 인격을 나타내게 되었다. 물론 individual은 한 사람, 두 사람 식으로 헤아릴 수 있다는 점에서 경험적(으로 확인될 수 있는) 주체이기도 하지만, 또한 경험적 주체를 넘어선 자유·평등이라는 가치의 체현자이기도 하다. 후자의 의미가 individual이라는 말 속에서 인식되기에 이르렀을 때에야 비로소 처음으로 '한'이 떨어져 나가고 '개인'이라는 번역어가 등장하게 되었다. 이러한 인식이 가능하게 된 것은 물론 어학語學이 진보했기 때문이 아니다. 피세링Simon Vissering(1818~1888)[3], 브와소나드Gustave E. Boissonade(1825~1910)[4], 루소Jean-Jacques Rousseau(1712~1778) 등의 서구 문헌을 충분히 읽고 자기 것으로 만드는 과정이 진행되었기 때문이다.

사회와 세간

'개인'의 집합으로서의 '사회'라는 말도 서구의 society(독일어로는 Gesellschaft)의 번역어이지만 이 말 자체는 중국에서 전해진 한자어이다. 본래 중국에서 그것은 토지의 신神인 '사社'를 중심으로 하는 주민들의 회합會合을 가리키고 있었다. 좁은 지역 공동체를 의미하는 이 말이, 보다 넓은 범위의 결합인 society의 번역어로서 최초로 사용된 것 역시 메이지 시기에 접어들고 난 이후의 일이다 (1875). 다만 이쪽은 '개인'보다 조금 먼저, 즉 1877년 무렵부터 보급되기 시작했던 것 같다(齋藤, 앞의 책, 181·220쪽). '사회'도 또한 하나의 구체적인 집단으로서의 측면과 결합 그 자체를 가리키는 추상적인 측면 양쪽을 모두 포함하기는 하지만, 이 두 가지는 '개인'의 경우처럼 한쪽이 실재實在, 다른 한쪽은 가치價値, 이런 식의 서로 다른 차원을 나타내고 있지는 않다. 이것이 '사회'라는 번역어가 '개인'이라는 번역어보다도 다소 빨리 정착한 이유일 것이다.

일본에는 society에 정확히 대응하는 말이 없었다. 그 대신 예로부터 세간 또는 세상이라는 말이 있었다. 그 세간에 참여하고 있는 사람은 세상 사람으로 불리고 있었지만, 세상 사람 쪽도 individual과 겹치지 않는다. 세상에 대해 노래한 것이 이미 《만요슈萬葉集》에서 많이 발견된다. 오늘날에도 일본인들은 일상 생활에서는 사회라는 말보다 세간이라는 말을 쓰는 일이 많다(아베 긴야阿部謹也, 《'世間'とは何か》, 講談社 現代新書, 1995, 13·31~42쪽). society는 라틴

어 socius에서 유래되었으며, 같은 부류끼리의 결합이라는 의미를 지니고 있다. 그것은 어떤 공통성을 지닌 개인들의 결합이기 때문에 점을 잇는 선을 연상시킨다. 그에 반해 세간이라는 말은 많이 쓰이기는 하지만 그것은 무엇이냐 하고 물으면 누구도 제대로 잘 답할 수가 없다. 다만 누구나 막연히 떠올릴 수 있는 것은 점과 선이 아니라 면面이다. 물론 소사이어티society도 세 개 이상의 선으로 둘러싸이면 면이 된다. 그것이 집단이다. 하지만 소사이어티의 본래 이미지는 점을 선으로 이은 관계이며 집단이 아니다. 그에 반해 세간은 본래적으로 펼쳐진 곳이고 장場이다. 그것은 파문이 퍼져 가는 수면과 같은 것으로 베르크Augustin Berque[5]는 이런 공간을 선으로 둘러싸인 공간과 구별하며 '면적인 공간espace aréolaire'이라 부르고 있다(미야하라 마코토宮原信 역, 《空間の日本文化》, 筑摩書房, 1985, 139쪽). 면적인 공간은 선으로 둘러싸인 공간과 달리 분명한 경계가 없다. 세간을 입에 올리는 사람에게 당신이 말하는 세간의 범위는 어디까지인가 하고 물어보기로 하자. 그러면 대부분의 사람들은 이 물음에 명확한 답변을 내놓지 못할 것이다. 이것이 점과 선으로 이루어진 소사이어티와의 차이점이다. 선은 점을 연결해 끝없이 이어져 갈지도 모른다. 지구의 반대편까지 뻗어가는 일도 있을 것이다. 하지만 그것은 추적해 갈 수 있고 다른 선과 혼동되는 일도 없다. 이에 반해 세간의 경계는 애매모호하고 분명치 않다.

 이상은 세간이라는 말에 대해 아마도 오늘날의 일본인이라면

개인個人

누구나 품고 있을 이미지를 서술한 데 지나지 않으며 이 말을 정의한 것은 아니다. 그렇지만 우선 당장은 우리가 공유하고 있는 이 어감에서부터 출발해 이야기를 진전시켜 가 보자.

경험적 주체로서의 개인이 아니라 가치로서의 개인에 관해 말하면, 그것은 세간보다도 소사이어티 쪽에서 더 성립하기 쉽다고 보는 것이 아베 긴야阿部謹也[6]를 포함한 많은 사람의 견해인 듯하다. 우리도 또한 이 견해에 동의하고자 한다. 그리고 〈일본의 사상과 문학에 나타난 개인〉의 장章 말미에 이를 때까지 그런 견해가 맞는다는 것을 논증해 가게 될 것이다. 그 논증이 이 책의 주제이다. 그러나 결론에 이를 때 몇 가지 문제점을 해결하지 않으면 안된다. 일반 독자들에게는 귀에 익지 않은 사회학적 개념이 나오겠지만 잠시 참아 주기 바란다.

커뮤니티와 세간

'소사이어티 대 세간' 이라는 집단 유형론은 물론 지금까지 존재하지 않았다. 하지만 우리가 아는 한 이것과 어느 정도 겹치는 유형론은 두 가지가 있었다. 하나는 매키버Robert M. MacIver[7]의 〈어소시에이션association 대 커뮤니티community〉이고, 다른 하나는 나카네 지에中根千枝[8]의 〈'자격資格' 에 의한 집단 대 '장場' 에 의한 집단〉이다. 이들을 참고함으로써, 세간에서는 개인의 존재가 어째서

희박한지 밝혀보고자 한다.

　매키버의 유형론은 대략 다음과 같다(나카 규로中久郎·마쓰모토 미치하루松本通晴 감역,《コミュニティ》, ミネルヴァ書房, 1975, 제1부 제2장). 커뮤니티는 일정한 지역을 점유하는 주민의 공동 생활체이며, 그것은 그 안에서 사람들의 생활상의 욕구가 대체로 충족되는 자족성을 지니고 있다. 오랜 공동 생활의 결과로, 거기서는 공통의 언어·관습 등의 생활양식(문화)이 형성되고, 그 문화의 공유에 의해서 사람들 전체가 일체감을 갖게 된다. 커뮤니티는 작게는 촌락에서 시작되어 크게는 국가에서 끝난다. 이에 반해 어소시에이션은 어떤 특정한 관심을 공통으로 하는 사람들이 그것을 충족시키기 위해 인위적으로 설립한 집단이며, 여기에는 가족(단 근대적인 부부 중심의 가족), 기업, 노동 조합, 정당, 클럽, 종교 단체 등이 포함된다. 커뮤니티가 역사 이전부터 존재해 온 자연 발생적인 집단인 데 반해 어소시에이션은 그 커뮤니티 안에서 파생해 근대에 현저히 발달한 집단이다. 그리하여 커뮤니티의 자연성 및 관심의 포괄성과 어소시에이션의 인위성 및 관심의 특정성이 대비된다. 이와 관련해서 덧붙여 말하자면 매키버는 커뮤니티와 어소시에이션을 포섭하는 상위 개념을 나타내기 위해 소사이어티라는 말을 쓰고 있다. 하지만 그가 말하는 소사이어티는 단순한 명칭에 지나지 않으며, 거기에 어떤 고유의 내용이 부여되어 있지 않다.

　매키버가 말하는 어소시에이션이 우리가 말하는 소사이어티와 거의 겹친다는 것은 분명한 사실이다. 서구에서는 회사, 공제 조합, 학회 등에 대해 위화감 없이 소사이어티라는 이름이 붙여지고 있기 때문에 우리도 그 용례를 따르고 있는 것이다. 매키버는 이러한 결합을 가리켜 특히 어소시에이션이라 부른다. '특정한 관심'의 공유에 의해 성립되는 측면을 강조하고 싶기 때문이다. 우리는 소사이어티라는 유대가 근대에 접어들어 급격히 늘어났다는 것은 인정하지만 매키버와는 달리 그 점을 특별히 강조하지는 않는다. 우리는 오히려 이른바 미개 사회 안에서도 연령 계층 집단과 같은 소사이어티가 존재하는 데 흥미를 갖는다. 이런 경우 집단을 형성하는 계기는 특정한 관심의 공유라기보다는 같은 연령층이라는 공통의 속성이다. 그러나 관심이든 속성이든 어떤 특정한 유대에 의해서 형성되는 집단을 집단의 한 유형으로 확정한다는 점에서는 우리는 매키버와 크게 다르지 않다.

한편 매키버가 말하는 커뮤니티는 지역 집단이기 때문에 우리가 말하는 세간과는 다르다. 세간은 지역과 겹치는 경우도 있지만 반드시 토지를 불가결한 속성으로 삼지는 않는다. 예를 들어 업계業界라는 세간도 있다. 그러나 커뮤니티가 어소시에이션의 모태母胎 혹은 기초이듯이 세간이 소사이어티의 모태 혹은 기반이라는 점에서 양자는 닮았다고 할 수 있다. 어째서 모태일까. 예컨대 어소시에이션은 그것이 위치하고 있는 커뮤니티의 언어를 사용하며 활동한다. 그 활동은 또 커뮤니티의 관습에 의해 규제되고 있다. 이런 의미에서 커뮤니티는 어소시에이션의 모태이다. 달리 말하면 커뮤니티가 그 내부에 위치하는 다양한 어소시에이션에 침투해 있다. 마찬가지로 세간도 또한 그 내부의 다양한 일본적 어소시에이션에 침투해 있다.

그런데 세간은 커뮤니티 개념이 내포하는 이상의 것을 포함하고 있다. 위에서 말한 초超지역성도 그중 하나이다. 그 외에 세간에는 외부에 대한 배타성과 지위의 서열성序列性도 있다. 이 두 가지는, 특히 전자는 커뮤니티 개념에 암암리에 내포되어 있기는 하지만 그 특성으로 명기되어 있지는 않다. 배타성과 서열성은 일반적으로 일본적 집단의 특성으로 거론되고 있기도 하는데 우리는 이것들을 세간의 특성으로 본다. 배타성과 관련해서는 다음과 같은 이미지가 떠오른다. 하나의 세계가 있고, 거기에 외래자外來者가 밀치고 들어가 어엿한 구성원member으로서 인정받게 될 때까지는 상당한 시간이 걸린다. 배타성이 극단적인 형태로 나오는 것은 오래된 촌락 커뮤니티와 세간이 완전히 겹쳐져 있는 경우이다. "이미 다이카大化 2년(646)의 조칙에 요역徭役했던 백성들이 귀향하는 도중에 길거리에서 병으로 죽으면 길가의 집에서 그 동반자에게 강요해 신에게 빌어 부정이나 재앙을 떨쳐 버리게 했다고 기록하고 있다"(《日本書紀》). 메이지유신 무렵까지는 자기 마을의 아가씨가 있는 곳으로 "다른 마을의 남성이 지나가면서라도 다가오면 그 마을 젊은 무리들의 영역[나와바리繩張]을 침범한 것이 되어 호되게 두들겨 팼다"(나가쓰카 다카시長塚節, 《芋掘り》). "타향에 사는 사람은 거의 다른 부류 취급을 당했다"(이에나가 사부로家永三郎, 《日本道德思想史》, 岩波全書, 1963[1954 초판], 175~176쪽).

그렇다면 서열성의 이미지는? 우리는 세간 사람들로부터 감시 당하고 있다. 그 사람들 속에는 우리가 아는 사람도 있지만 모르는 사람도 있다. 그들은 세간의 가치 기준에 비추어 보며 우리를 나무라기도 하고 칭찬하기도 한다. 하지만 일반적으로 우리가 느끼는 것은 세간의 나무라는 시선 쪽이다. 그 시선에서 우리는 자유로운 활동을 제한당하며 답답한 기분을 느낀다. 예를 들어 그 시선은 다음과 같이 말하기 때문이다. "세상에 따르는 것을 인륜人倫이라 하고, 세상을 거스르는 것을 광인狂人이라 한다"(〈源平盛衰記〉, 《故事ことわざ事典》, 小學館, 1986). 세간의 가치 기준에서 멀리 벗어나면 "미쳤다"는 말을 들으며 일탈자가 된다. 일탈자의 극단은 범죄자이며, 여기에서 세로로 상승하는 눈금이 있다. 이것이 바로 세간의 서열성이다. 서열성은 선악의 가치 기준이 아니라 우열의 가치 기준에 기반을 둔다. 일탈자는 반드시 악인惡人은 아니지만 지위가 낮은 자로 간주된다. 세간은 타자보다 우위에 서려고 하는 경쟁의 장이다. 이 경쟁에 패한 사람, 또는 이기더라도 공허하다고 느끼는 사람에게는 세간이 가혹하거나 혹은 무의미한 투기장鬪技場으로 보이고, 거기서 물러나는 사람도 나온다. 이것이 은둔자隱遁者이며, 10세기 전후에 머리 깎고 출가하는 사람들이 생겨났다. 그들은 "우열優劣·고하高下를 차별하는 가치 의식에 사로잡혀서, 부질없이 자타自他의 차이를 비교하고, 차별 속에서 가치를 체험하는 세속인들의 감성을 부정"했다(이토 히로유키伊藤博之, 《隱遁の文學─妄念と覺醒─》, 笠間書院, 1975, 38~39쪽).

'장場'에 의한 집단과 세간

다음으로 소사이어티 대 세간이라는 집단의 유형론에 가까운 것으로서 나카네 지에의 〈'자격'에 의한 집단〉 대 〈'장'에 의한 집단〉의 유형을 살펴보기로 하자. 나카네에 의하면 집단 구성의 원리로는 두 가지가 있는데, 하나는 '자격'에 의한 구성이고 다른 하나는 '장'에 의한 구성이다. '자격'에는 예컨대 지위나 직업처럼 사람이 후천적으로 획득한 것도 있지만, 그 외에 친족의 멤버십처럼 사람이 거기에 태어나는 것도 포함되어 있다. 이에 반해 '장'은 일본적인 '이에家'나 지역, 직장과 같은 생활 공간을 의미한다.

전 세계 어디서에서나 '자격'을 공유하는 것에 의한 집단 구성의 원리와 '장'을 공통으로 하는 것에 의한 집단 구성의 원리가 병용되고 있다. 그러나 예컨대 서구나 인도처럼 '자격'에 의한 집단 구성이 상대적으로 우세한 곳도 있지만, 일본처럼 '장'에 의한 집단 구성이 상대적으로 우세한 곳도 있다. 일본인은 자신을 외부를 향해 자리매김할 경우 '자격'보다도 '장'을 우선시킨다. 예를 들어 기자나 카메라맨이라는 것보다 먼저 A텔레비전 회사 사람으로 자기를 소개한다. 카메라맨은 '자격'이고 A회사는 '장'이다. 일본의 오랜 '이에' 제도에서는 며느리는 친정과의 '자격'의 공유(혈연)에 의한 유대보다 '이에'라는 '장'에 소속된 것을 우선시키지 않으면 안 되었다. 오늘날의 일본 가족에도 이런 경향이 다소 남아 있다. 한편 인도의 경우에는 그 반대로 며느리의 친정과의 강

한 유대가 시댁에서도 당연한 것으로 여겨져 왔다. '장'에 의한 집단에는 며느리(또는 양자養子)와 시부모(또는 양부모), 운전수와 사장과 같은 '자격'을 달리하는 구성원이 포함된다. 이러한 이질적인 존재를 포함하는 집단은 같은 '자격'을 공유하는 집단이 그 구성원의 동질성 때문에, 말하자면 자연스럽게 통일성을 유지할 수 있는 데 반해 통일성을 유지하는 데 각별한 노력이 요구된다. 그래서 '장'에 의한 집단은 외부에 대해 자신들을 둘러싸고 있는 '틀'을 견지하려고 한다. 그리고 '틀'의 외부에 대한 배타성을 수반하는 집단 의식을 끊임없이 구성원들에게 주입시키는 데 열성적이지 않을 수 없다(《タテ社會の人間關係——單一社會の理論——》, 講談社現代新書, 1967, 26~34·36쪽). 그래서 이러한 노력은 다소라도 강박성을 띠게 된다.

나카네는 일본인의 악명 높은(?) 집단주의를, 흔히 생각되고 있는 것과 같은 집단 구성원의 동질성이 아니라, 그 이질성에 의거해 설명했다. 나카네의 '다테 사회タテ社會'라는 말이 너무나 유명해져 버렸기 때문에 그녀의 텍스트를 충분히 읽지 않는 독자들이 늘어나 그것을 상하의 서열성이 강한 사회라고 굳게 믿고 있는 사람들이 많다. 확실히 그것은 '다테 사회'의 속성 가운데 하나이기는 하지만 오히려 부차적인 속성이고, 기본적인 속성은 '자격'의 공유에 의해 '장'을 횡단하는 유대, 그 유대에 대한 강한 방어적 성격이다. 그런 강력한 방어 자세 때문에 '장'의 통일성이 강조되고, 이어 그 통일성을 유지하기 위해 상하의 서열성이 강조되어 온 것이다.

위에서 해설한 '자격'에 의한 집단과 '장'에 의한 집단의 대비는 거의 소사이어티와 세간의 대비와 겹친다. 이런 대비가 간과되기 쉬운 것은 '자격'에 의한 집단과 '장'에 의한 집단을 같은 수준에 있는 집단의 두 유형으로 다루기 때문이다. 그렇게 다루는 것이 적절한 경우도 있지만 거기에 얽매이면 다른 방식으로 다룰 수 있는 가능성을 잃어버리게 된다. 다른 방식이란 '자격'에 의한 집단을 어소시에이션=소사이어티의 수준에 두고, '장'에 의한 집단을 어소시에이션의 모태로서의 커뮤니티의 수준에 두는 것이다. 그런데 우리는 앞에서 보편적 형태로서의 커뮤니티가 특수 일본적으로 확장된 형태를 세간이라 부르자고 제안했다. 커뮤니티가 어소시에이션에 침투하는 것과 마찬가지로, 아니 그 이상으로 '장'인 세간이 소사이어티에, 즉 '자격'에 의한 집단에 침투한다. 그리하여 세간의 특징인 배타성·서열성이 '자격'에 의한 집단, 예컨대 회사에 침투해 들어간다. 회사가 배타성·서열성을 만들어 내는 것이 아니다. 회사 이전에 존재하고 있는 세간이 그것을 만들어 내고 회사는 그 영향 하에 놓여 있는 것이다. 예를 한 가지 들어 보겠다. 회사원이나 연구자는 장기간에 걸친 해외 근무나 해외 연구를 싫어한다. 일본에 있는 상사나 동료와의 접촉이 적어지면서 잊혀 가기 때문이다. 설령 '자격' 상으로는 서열이 높다 하더라도 '장'에 의한 집단 속에서는 서열이 내려가 결국 총체적으로는 서열이 낮아지기 때문이다. "헤어진 사람은 날이 갈수록 잊힌다"

(앞의 책, 59~60쪽).

모든 것에 침투하는 세간

지금까지의 고찰을 통해서 보면 아베가 '형태를 지닌 세간'과 '형태를 지니지 않는 세간' 두 가지를 들고 있는 이유를 알 수 있다. 우리의 어감이라는 측면에서 보면 세간은 본래 형태가 없는 것이다. 그것이 어디에서 시작해 어디에서 끝나는지 잘 아는 사람은 아무도 없다. 그러므로 '형태를 지닌 세간'이라고 하면 조금 기묘한 느낌이 든다. 그것은 예컨대 회사, 대학, 동창회 등으로 여겨지고 있다. 우리가 생각하기에는 이러한 '형태를 지닌 세간'은 '형태를 지니지 않는 세간'이 침투한 집단 형태를 가리키고 있는 데 지나지 않는다. 하지만 일본에서는 '자격'에 의한 집단에 '장'인 세간이 아주 강하게 침투하기 때문에 '형태를 지닌 세간'이라는 말이 나오더라도 이상스럽지는 않다. 그렇지만 잘 생각해 보면 회사, 대학, 동창회 등은 모두 본래는 '자격'에 의한 집단이다. 회사나 대학에 들어가기 위해서는 '자격'을 묻는 시험에 합격하지 않으면 안 되며 동창회라 하더라도 졸업생이라는 '자격'을 공유하는 사람들의 모임이기 때문이다. 일본에는 '자격'에 의한 집단이 없다거나 혹은 적다고 아무도 주장할 수 없다. '자격'에 의한 집단이 어소시에이션=소사이어티로서 수없이 많이 존재한다. 다만 그 집단들에 대한 '장'=세간의 영향력이 너무 강하기 때문에 그 집단들을 '형태를 지닌 세간'으로 부르고 싶어질 뿐인 것이다.

위에서 말한 논거에 입각하면 나카네가 말하는 '장'에 의한 집단은 세간이 강하게 침투한 집단이기 때문에 '장'에 의한 집단의 특징을 거의 대부분 그대로 세간의 특징으로 바꿔 읽을 수 있게 된다. 우리는 나카네가 '장'에 의한 집단의 특징으로 들고 있는 것들 가운데 특히 기본적인 것으로 배타성과 서열성을 골라 냈다. 이 두 가지는 우리가 세간의 특징으로 이미지화한 것에 딱 부합한다. 배타성의 개념은 다의적이지 않기 때문에 보충할 필요가 없지만 서열성의 개념은 설명을 필요로 한다. '자격'에 의한 집단 속에도 당연히 서열이 존재하기 때문이다. 야구 선수, 변호사, 외과 의사 등의 집단 속에 능력의 차이에 따른 서열이 존재한다는 것은 잘 알려진 사실이다. 세간 쪽도 각각의 집단 속에서의 한정적인 specific 평가를 일단은 받아들인다. 그러나 세간은 또한 그 독자적인 무한정적diffuse 평가 체계(가치 기준)를 지니고 있다. 그것은 인격과 관련된 평가 체계이다. "그 길 하나만 걸으며" 살아 온 사람에 대한 평가가 그렇지 않은 사람에 대한 평가보다 높다. 예를 들어 프로 야구의 세계에서 20년 동안 한 팀에 소속되어 모든 시합에 출장한 선수는 설사 통산 타율이 그리 높지 않더라도, 몇 팀을 거쳤으며 때로 시합에 결장하기도 했지만 더 높은 통산 타율을 보유한 선수보다 세간에서는 더 높은 평가를 받는다. 요컨대 세간이 한정적인 기능을 평가하지 않는 것은 아니지만, 그 외에 고유한 가치 체계로서 무한정적인 인격 평가 체계도 지니고 있다.

한정적인 기능의 평가는 '자격'에 의한 집단마다 행해지는 데 반해 무한정적인 인격 평가는 세간에서 행해진다. 그리고 이 무한정적인 평가 체계는 세간을 모태로 하는 각종 '자격'에 의한 집단에 침투되어 간다. 각 영역에서 정도의 차이는 있어도 공통적으로 발견되는 연공 서열제年功序列制는 모태로서의 세간의 의식을 제도화한 것이다. 연공 서열 의식은 일본의 예전 육군 군대(이하 군대라 부른다)에서 강했다. 군대는 전투를 전문으로 하는 집단이기 때문에 기능에 기반을 둔 승진 제도가 채택되어 있었다. 하지만 이 제도와 더불어 경험 연수에 의한 서열제도 비공식적인informal 활력을 지니고 있었다. 설사 계급이 낮더라도 경험이 많은 고참병이 그것이 짧은 부사관보다, 경우에 따라서는 심지어 장교보다 내무반이라는 소집단 속에서는 더 높은 권위를 누리고 있었다. 즉 세간의 서열성이 때로는 군대의 메리토크라시meritocracy(능력주의 제도)를 때때로 위협할 정도였던 것이다. 세간의 이런 강한 침투력은 예전에 일본 군대에 입대하는 것이 일정한 연령층에 달한 모든 남성들에게 의무적으로 부여된 개병제皆兵制에 의해 강화되었다고 여겨진다. 지원제의 경우에는 '장'에서 '자격'으로의 이행이 입대자의 적극적인 의지에 의한 것이기 때문이다. 개병제의 경우에는 그렇지 않다. 그래서 일본 군대는 세간과의 연속성을 단절하기 위해 다양한 방법을 시도했다. 예를 들어 병영 바깥에 있는 민간인은 지방인地方人으로 불리며 병사들과 그들의 접촉이 극도로 제한

되었다. 군대에서 지급되는 물품은 특별한 명칭으로 불렸다. 슬리퍼는 조카上靴, 군화는 헨조카ハンジョウカ 등과 같은 식이었다. 이처럼 세간과의 엄중한 격리 장치가 설치되어 있음에도 불구하고 세간의 군대에 침입해 그 현저한 배타성과 서열성이란 점에서 군대는 세간 이상으로 세간적이 되어 있었다.

출발점으로 되돌아가자. 우리는 앞에서 다음과 같이 문제를 제기했다. 가치로서의 개인에 관해 말하면 그것이 세간 쪽보다 소사이어티 쪽에서 성립하기 쉽지 않을까. 그 후 두 가지의 집단 유형론을 검토한 결과, 이 투박한 물음에 답할 수 있는 준비가 갖추어졌다. 우리는 세간을 커뮤니티의 특수 일본적인 형태로 보았다. 커뮤니티는 포괄적인, 즉 무한정적인 동료[나카마仲間] 의식의 소재지이며, 여기에서 한정적인 관심이나 속성을 공통으로 하는 사람들의 어소시에이션이 분화되어 나온다. 어소시에이션=소사이어티는 이런 공통성을 의식한 개인의 의지에 의해 성립된다. 따라서 다른 것과 구별된 단위로서의 개인이 자신을 주장하기 쉬운 것은 커뮤니티가 아니라 소사이어티라고 해야 한다. 커뮤니티는 모든 집단의 모태이기 때문에 그 문화가 소사이어티에 침투한다. 일본의 세간이 그 문화와 함께 정도의 차이는 있을지언정 모든 집단에 침투해 있기 때문에 커뮤니티의 일종이라 보아도 무방하다. 다만 그 침투력이 보통의 커뮤니티와 비교하면 압도적으로 강하다. 그 때문에 세간이 극도로 강하게 침투되어 있는 집단이 '장'에 의한 집단이라 불리며 하나의 집단 유형으로 간주될 정도이다. 그렇다면 세간 속에 놓인 소사이어티는 보통의 커뮤니티 속에 놓인 소사이어티보다 자립성이 약할 것이 틀림없다. 따라서 이 자립성이 약한 소사이어티는 그것이 강한 소사이어티보다 세간의 압력에 저항하며 구성원인 개인의 자율성을 보호하는 힘이 약한 것이 된다. 에둘러서 하는 번거로운 논의가 되고 말았지만, 요컨대 가치로서의 개인이 성립하기 쉬운 것은 소사이어티에서이며, 세간은 소사이어티의 그런 자립성을 위협한다는 점에서 반反개인적인 성격을 지닌다고 할 수 있다.

세간은 주체와 전혀 관계가 없는 타인과 스스럼없이 느긋하게 지낼 수 있는 친척의 중간 지대라고 보는 견해가 있다. 거기서는 타자를 의식하고 "앞일을 헤아리는 깊은 생각[遠慮]이 작용한다"(이노우에 타다시井上忠司, 《'世間體'の構造》, 日本放送出版協會, 1977, 90쪽). 하지만 스스럼없이 느긋하게 지낼 수 있는 가족 속에도 세간은 침투할 수 있다고 우리는 생각한다. 학교에서 꾸지람을 들은 학생이 그것을 부모에게 숨기는 경우가 있는데, 학생에게는 자신이 책망을 들은 점에 대해 부모의 평가도 교사와 같을 것이라고 생각되기 때문이다. 요컨대 세간의 평가 체계는 학교뿐만 아니라 가족에도 들어와 있다(사쿠다 게이이치作田啓一, 〈孤獨の諸形態〉, 《恥の文化再考》, 筑摩書房, 1967). 하지만 이노우에井上[9]는 '안ウチ'과 '밖ソト'의 구분은 "사람이 놓여 있는 상황에 따라 다르"므로 "두드러지게 역동적dynamic"이라고도 말하고 있기 때문에(앞의 책, 72쪽), 그 논점과 관련해서는 '안'인 가족이 때로는 '밖'이 되기도 한다는 우리의 견해에 가깝다고 생각된다.

요컨대 세간 속에 놓인 소사이어티는 그 영향을 강하게 받기 때문에 개인의 자기 표현이 두드러지게 제한받는 것이다.

서구 개인주의의
기원과 전개

현자賢者의 사상

　앞 장 첫머리에서 말했듯이 개인이라는 표현이 일본에 정착한 것은 1884년 이후의 일이었다. 한 사람, 두 사람, 이런 식으로 헤아릴 수 있는 경험적 주체라는 관념은 개인이라는 말만 없었을 뿐이지 그 이전부터 잘 알려져 있었다. 하지만 개개의 경험적 주체를 넘어선 자유·평등이라는 가치의 체현자로서의 추상적 개인이라는 관념은 그 이전에는 존재하지 않았다. 이 관념은 서구의 근대 사상이 번역 등을 통해 일본에 받아들여지는 과정 속에서 일본인에게 이해되었다. 따라서 가치로서의 개인이라는 관념이 서구에서 어떠한 기원을 갖고 어떻게 전개되었는지 알아야 한다. 이것은 이 책의 한 장章에서 다루기에는 너무 큰 주제이다. 그러나 이 책의 성격상 그것에 대한 언급을 생략할 수도 없으므로 다음에서 이 물음에 대한 답을 요점에 한해 말해 두겠다. 개인이라는 관념의 그리스적 기원에 관한 기술은 세이바인George H. Sabine의 *A History of Political Theory*(Harrap, 1937)와 그 책에 주로 의거하고 있는 뒤몽L. Dumont의 《개인주의논고》(와타나베 코쬬渡邊公三·아사노 코이치淺野晃一 역, 言叢社, 1993)를 따르고 있다.

개인 관념이 기독교와 깊은 관련이 있다는 것은 널리 알려져 있는 사실이다. 사람들은 그들이 소속되어 있는 집단과 관계없이 각자 신과 연결되어 있다. 바울로Paulos[10]는 갈라디아인들을 향해서 다음과 같이 쓰고 있다. "유대 사람도 그리스 사람도 없으며, 종도 자유인도 없으며, 남성과 여성도 없습니다. 여러분 모두가 그리스도 예수 안에서 하나이기 때문입니다"(《갈라디아인들에게 보내는 편지》 3:28, 공동번역). 하지만 집단 소속을 넘어선 개인이라는 관념은 이미 헬레니즘 시대(기원전 330년경부터 기원전 30년까지)의 세 학파(에피쿠로스 학파, 키니코스 학파, 스토아 학파)에 나타나 있다. 플라톤, 아리스토텔레스가 이상화한 그리스의 도시 국가(폴리스)는 그들의 시대로부터 멀어짐에 따라 그 자족성自足性을 잃어 간다. 도시 국가가 스스로의 자족성을 유지하려면 경제적·정치적인 고립 정책을 채택하지 않을 수 없지만, 고립되면 그때까지 도달한 자신들의 문명으로부터 후퇴하지 않을 수 없기 때문이다. 이런 이유에서 도시 국가는 상호 간의 관계를 추구하고 또 그 관계를 안정시키려 했지만 뜻대로 되지는 않았다. 폴리스가 몰락해 감에 따라 뛰어난 인물이라면 그 속에서, 또는 그곳을 위해 공적으로 활동하더라도 큰 만족은 얻을 수 없다는 것을 잘 알게 되었다. 그래서 지적 능력이 있는 사람들은 폴리스를 방기하고 사생활 속으로 은둔해 자기 충족성을 추구하게 되었다. 플라톤, 아리스토텔레스의 시대에는 도시 국가의 시민(국민)으로 활동하는 것이 인간으로서의 삶의 보람을 발견하는 유일한 길이었다. 헬레니즘 시대에는 공적인 봉사와 사적인 만족이 괴리된다. 여기에서 공적인 생활을 포기하고 홀로 자기 충족하는 현자의 사상이 나타나게 된다.

헬레니즘 시대의 세 학파는 현자의 사상을 공유하고 있지만, 각각 고유의 학풍도 지니고 있다. 에피쿠로스 학파는 자기 충족의 상태를 가져오기 위해서는 공적인 생활에 시달리지 말고 자연을 따르며 사적인 행복을 추구하면 된다고 주장했다. 자연은 원자原子의 집합체에 지나지 않기 때문에 각각의 인간이 자신의 행복을 추구하는 것을 제약하는 도덕이나 가치가 달리 있을 리가 없다. 그러나 에피쿠로스는 욕망의 과도한 추구가 아니라 오히려 그것의 자제를 권하며 일시적인 만족보다 지속적인 평안함이 이상적이라고 본다. 다만 에피쿠로스는 공적인 생활로부터의 은둔을 주장했지만 완전한 은자의 생활을 이상으로 삼았던 것은 아니다. 제자들과 만든 서클 안에서 마음이 맞는 사람들끼리 우정을 즐기는 것이 그의 행복의 철학을 실천하는 것이었다(세이바인, 앞의 책, 123~124쪽).

키니코스 학파도 또한 공적인 생활로부터의 은둔을 주장한다는 점에서 에피쿠로스 학파와 다르지 않다. 하지만 다른 점도 있다. 이 학파의 경우에는 일상적인 예의禮儀를 무시하고 세상의 습속[俗習]을 공격하는 것이 눈에 띈다. 그들이 말을 건 것은 주로 가난한 사람들이며, 사회적 차별에 대한 증오가 그들을 몰아 대고 있었던 것 같다. 그것은 이 학파 사람들이 외부에서 온 사람이나 망명자였다는 것과 관계가 있을 것이다(앞의 책, 126~127쪽). 다만 키니코스 학파는 폴리스에 비판적인 데 머무르고 실제로 사회적 정의의 실현을 지향하는 데에는 관심을 보이지 않았다.

스토아 학파에서 기독교로

세속계世俗界에 등을 돌리는 위의 두 학파와 비교할 때 스토아 학파는 세속계와 관계를 맺어 가는 점이 다르다. 스토아 학파 초기로부터 이런 특징이 이미 나타나고 있지만 중기에서 후기로 옮겨 감에 그런 특징은 한층 더 강화되었다. 로마의 스토아 학파 학자들 가운데에서는 세네카Lucius Annaeus Seneca[11]처럼 세속계에서 중책을 다하는 사람도 나왔다. 후세의 해석가들이 스토아 학파의 입장을 밝혀 내기 어려운 데에는 이러한 특징이 존재한다. 그러나 스토아의 학설이 세속의 바깥에 근거를 두고 있는 것은 다른 두 학파와 다를 바 없다. 세 학파는 '현세 방기現世放棄'의 다양한 변주變奏로 분류될 수 있다. 이 학파들은 현자가 되기 위해서는 먼저 세속계를 버리지 않으면 안 된다고 주장하는 점에서는 같다. 하나의 판정 기준이 다양한 형태로 이 시대 전체를 꿰뚫고 있는 것이다. 그것은 사물의 도리를 통찰하는 뛰어난 지혜에 도달한 현자와 세속에 사로잡혀 있는 미혹된 사람들을 근본적으로 나누는 이분법이다. 초기 스토아 학파의 제논Zenon ho Kypros[12]은, 세속적인 행위는 설령 현자가 행하는 행위라 하더라도 선善일 수는 없고 보다 바람직한 행위에 지나지 않는다고 말했다고 한다(뒤몽, 앞의 책, 45쪽). 이처럼 세속적 가치를 상대화하는 관점은 세속 바깥에 몸을 두는 입장에서밖에 나오지 않는다. 이것이야말로 플라톤, 아리스토텔레스의 폴리스의 철학으로부터는 결코 탄생되지 않는 관점이다. 폴리스에서는 인간의 가치는 공동체에서의 지위와 그 지위에 수반되는 기능에 의해 결정되었다. 세속 바깥의 현자의 관점에서 보면 자유인과 노예라는 지위의 구별이 없다. 그리스인과 이국인(바바리안)의 구별조차 없다. 인간의 가치는 세속계에서의 의미에 있는 것이 아니라 바로 거기에서의 무의미insignificance에 있다(세이바인, 앞의 책, 131쪽). 인간은 폴리스의 시민에서 벗어남으로써 비로소 인간이 된다. 이 인간은 시민과 구별되는 존재이므로 시민 대신 개인으로 명명되는 것이 적절하다. 요컨대 개인의 최초의 관념은 세속 내의 관점이 아니라 세속 바깥의 관점에서 태어났다.

그러나 스토아 학파는 역사의 흐름과 함께 변모해 갔다. 헬레니즘 시대는 마케도니아의 알렉산드로스[13]가 그리스 등을 정복한 이후 마케도니아가 이집트를 병합한 해까지를 가리키는데, 이 사이에 적어도 도시의 주민들 사이에서는 소속 의식이 로컬local한 도시에서 벗어나 '마르세유에서 페르시아에 이르는' 세계 도시city of the world를 모태로 하기에 이른다(앞의 책, 130쪽). 스토아 학파는 도시 국가를 넘어선 세계적 규모의 국가와 지방의 관습을 넘어선 보편적인 법에 도덕적인 의미를 부여하는 방향으로 기울어져 있었다. 이에 반해 키니코스 학파는 현자의 견지에서 도시 국가를 부정하는 데 머무르고 말았다(앞의 책, 135쪽).

도시 공동체가 해체되고 세계 도시가 형성됨에 따라 〈현자 대 도시공동체〉라는 도식이 사람들에게 어필하는 힘을 잃어 간다. 저항의 대상을 잃어버린 이상, 현자의 자기 충족성이 공중에 떠버리기 때문이다. 기원전 2세기에 접어들어 파나이티오스Panaitios(기원전 185년경~기원전 109)[14]는 스토이시즘을 자기 충족성의 철학에서 인도주의 철학으로 전환시켰다. 그리하여 현자와 속인俗人 사이의 깊은 균열이 메워진다. 이성도 현자만의 것이 아니라 만인에 공통된 것으로 간주되기에 이르렀기 때문이다. 현자는 자기 충족성에 만족하지 말고 공공公共의 세계로 들어가야 한다. 그는 감정을 정지시키는 대신 인류애나 동정同情에 눈을 뜨지 않으면 안 된다(앞의 책, 138~139쪽).

하지만 이런 변화에도 불구하고 우리의 견해로는 보편적인 것, 내세적인 것, 자연이라 불러도 좋은 것 속에 몸을 둠으로써 "언제나 자신을 이 세상의 이방인으로 규정하고 있던"(뒤몽, 앞의 책, 46쪽) 관점이 부정된 것은 아니었다. 현자로 불렸던 개인이 그 반면反面 교사였던 폴리스의 해체 이후 이 세상으로 회귀할 것을 요청받았던 것뿐이다. 이 세상은 세계 도시라는 보편적인 세계로 바뀌어 있었고 거기서는 현자가 보통의 개인으로서 세계의 일원이 될 수 있다고 생각되기에 이르렀다. 여기서 두 가지 사상이 서로 결합되면서 하나의 가치관을 형성하게 되었다. 하나는 다른 사람과 구별되는 독립된 단위로서의 개인이라는 사상으로, 인류의 일원이면서 그는 순수하게 사적인 생활을 영위한다. 다른 하나는 보편성이라는 사상, 만인이 공통의 인간성을 부여받고 있는 인류라는 사상이다(세이바인, 앞의 책, 130쪽). 개인과 인류가 한 사물의 양면으로 자리매김하기에 이른다.

후기 스토아 학파를 대표하는 세네카에서도 현자의 은둔이 긍정되고 있지 않았다. 어떤 능력을 통해서 사회에 봉사하는 것이 선인善人의 의무로 생각되었다. 하지만 그가 말하는 사회 봉사는 관직에 나간다든가 정치가가 된다거나 하는 국가와의 관계를 가리키고 있지는 않는다. 이런 점에서 세네카는 그에 앞선 폴리스 중심의 정치철학자들 내지 사회철학자들과 결정적으로 다르다. 그는 인류에 대한 봉사를 주장했고, 인류에 대한 관계는 법제적, 정치적이라기보다 도덕적 내지 종교적이다. 현자나 선인은 정치 권력을 갖지 않더라도 인류에 봉사할 수 있다. 그 봉사는 철학적 명상만으로도 가능하다. 사람들은 그 사상의 힘에 의해 인류의 교사가 되며 정치적 통치자보다 고귀하고 영향력 있는 위치를 차지한다. 이와 같은 세네카의 주장은 신에 대한 숭배 자체가 인간의 참된 의무라고 가르친 기독교 저술가들의 주장과 겹친다고 보더라도 아마 억지 주장이 되지 않을 것이다(앞의 책, 158쪽).

그러나 세네카는 국가의 강제력을 부정하지는 않았다. 그것은 필요악으로서 소극적으로 긍정되고 있다. 황금 시대에는 인간은 행복하고 순진무구했기 때문에, 예를 들어 사유재산제도 같은 것을 필요로 하지 않았다. 인간이 순수한 상태를 계속 유지하면 정부도 법도 필요 없었을 것이다. 그들은 자진해서 현자나 선인을 따르고 있었다. 그 지도자들 역시 동포를 통치함으로써 사적인 이익을 추구한다거나 하지 않았다. 지도자가 사익을 추구하기 위해 직위를 이용할 때, 그는 압제자가 된다. 또한 일반적으로 기술의 진보는 사치나 부패를 초래한다. 이런 사태에 이르게 되면 악惡을 바로잡기 위해 법의 강제를 필요로 하게 된다. 하지만 그것은 어쩔 수 없는 대증 요법對症療法에 지나지 않는다. 차선의 수단으로서의 국가라는 세네카의 견해와, 도시 국가는 문명 생활의 필요 조건이며 인간의 여러 능력을 최고의 형태로까지 발전시키는 유일한 수단이라고 보는 고대적 견해 사이의 단절은 아무리 강조해도 지나치지 않을 것이다. 특권적인 시민 대신 모든 조건의 차이에도 불구하고 인간에게 공유되는 평등이 지상至上의 가치로 여겨진다. 인간의 완성에 빼놓을 수 없는 기관인 국가 대신 지상의 생활을 어떻게든 참을 수 있는 것으로 만들기 위해 악전고투하는 강제적인 권력이 놓인다. 가치 척도에 있어서 이런 혁명이 초기 기독교의 교부敎父들의 정치철학에서 더욱더 탐구되어 그 안에 단단히 뿌리를 내리게 되었다(앞의 책, 161쪽).

세속외 개인世俗外個人에서 개인주의로

한편 세네카의 인류라는 사상이 기독교 속에 받아들여져 주위로부터 구별되는 하나의 제도, 즉 교회라는 제도의 밑바탕이 되었다. 신에 대한 숭배는 형제인 인류에 대한 봉사로 이어진다. 하지만 교회는 인류에 봉사한다는 종교적 의무와는 별도로 지상의 권위인 국가나 법에 대한 복종 의무를 주장했다. 현세는 불완전한 것이므로 악을 벌하는 규정이 필요하다. 그러나 당신들은 권위를 두려워할 필요가 없다. 나쁜 일을 하지 않으면 되기 때문이다. "선한 일을 행하십시오. 그러면 그들에게서 칭찬을 받을 것입니다." "여러분은 그들에게 해야 할 의무를 다하십시오. 국세를 바쳐야 할 사람에게는 국세를 바치고, 관세를 바쳐야 할 사람에게는 관세를 바치고, 두려워해야 할 사람은 두려워하고, 존경해야 할 사람은 존경하십시오"(성 바오로, 〈로마인들에게 보낸 편지〉 13:3, 7, 앞의 책, 163쪽). 현세 방기 입장에 선 현자의 세속에 대한 무관심은 스토아 학파를 거쳐 기독교에 이르면 세속에 대한 제한된 관심으로 바뀐다. 하지만 현세 방기의 입장은 변하지 않았고, 따라서 공동체를 넘어선 개인=인류라는 사상은 이어지고 있다.

종교계와 세속계(교회와 국가)에 대한 이중적인 충성의 가르침은 "카이사르의 것은 카이사르에게 돌리고, 하느님의 것은 하느님에게 돌려라"라는 그리스도의 말(〈마태〉 22:21 등)에 간결하게 명시되어 있다. 하지만 뒤몽에 의하면 이러한 "신과 황제의 대칭성은 표면적인 것일 뿐이다. 황제가 주장하는 합법성(〈그림 1〉의 안쪽 원)에 우리가 따르는 것은 신과의 관계라는 틀(〈그림 1〉의 바깥 원) 속에 있기 때문이다"(앞의 책, 51쪽).

그와 반대로 만약 양자가 진실로 대칭적이라면 세속외 개인은 황제의 주장을 단지 부인하기만 할 것이다. 그 경우에는 같은 크기의 두 개의 원인 황제=세속계와 신=세속외 개인(정신적 존재로서의 개인)이 두 개의 원이 교차하는 부분에 있는 경험적 주체로서의 개인을 자신의 세력권에 끌어들이기 위해서 줄다리기를 하는 그림(〈그림 2〉)으로 될 것이다. 이 그림의 경우에는 두 개의 원 사이에 우위·열위의 차이는 없고 양자는 대립·길항拮抗의 관계에 있을 뿐이다.

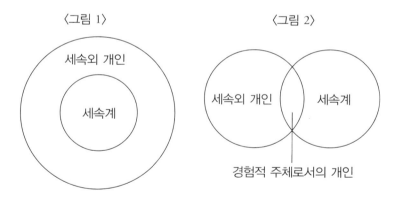

그렇지만 실제의 성 바오로의 도식에는, 바깥 원인 '하느님의 것'

이 안쪽 원인 '황제의 것'을 포함하는 서열화된 이분법dichotomie ordonnée이 그려져 있다. 여기서는 두 개의 원 사이에 우열의 차이가 있다. 왕을 정점으로 하는 계층제를 포함하는 세속적 질서의 원 안에서 여러 개인이 각자에게 할당된 지위나 직무에 수반되는 의무의 수행을 통해 전체에 봉사하고 있지만 그 봉사 활동의 의미는 바깥 원이 지니는 절대적 가치에 종속되는 것으로서 자리매김되어 버린다. 요컨대 세속적 활동의 의미는 안쪽 원의 틀 안에서만 충분한 타당성을 지니며 바깥 원의 관점에서 보면 그 활동의 의미가 상대화된다. 되풀이해서 말하면 신과의 관계에서 성립하는 세속외 개인은 현세적 권위를 승인하고 그것에 복종하지만, 그 복종에는 자연에 대한 복종과 비슷한 상대적인 의미가 부여되는 데 그친다. 서열화된 이분법, 혹은 바깥 원에 의한 안쪽 원의 포섭은 성 바오로에 의해 다음과 같이 근거 지어져 있다. "누구나 자신을 지배하는 권위에 복종해야 합니다. 하느님께서 주시지 않은 권위는 하나도 없고 세상의 권위는 다 하느님께서 세워 주신 것이기 때문입니다"(《로마인들에게 보낸 편지》 13:1). 이 두 개의 동심원 도식하에서는 "제일의적인 참조의 틀, 혹은 기본적인 규정이 그 반대항으로서의 세속 생활을 포함하고 있고 세속외 개인주의가 사회 생활에 있어서의 통상적인 전체론을 복종시키고 있다"고 뒤몽은 끝맺고 있다(앞의 책, 50~51쪽).

여기서 뒤몽은 조금 부주의하게 '세속외 개인주의'라는 말을 꺼내고 있다. 그의 용어법에서는 프로테스탄티즘의 영향 하에서 세속외 개인이 세속내 개인으로 이행한 단계에서 비로소 이데올로기로서의 개인주의individualisme가 성립되었고 그 이전에는 개인주의는 전前단계로서밖에 존재하지 않았다. 그렇다면 그 전단계는 그에 의해 어떻게 불리고 있는가 하면 그것은 세속외 개인individualité hors du monde이다. 그러므로 개인주의의 사회가 성립된 것은 종교개혁 이후의 근대에 이르러서이다.

개인주의의 사회는 전체론holisme의 사회와 대비되고 있다. 정신적 존재로서의 개인을 최고의 가치로 보고 있는 사회가 전자이고, 하나의 전체로서의 사회에 가치를 두고 있는 것이 후자이다(앞의 책, 41쪽). 두 사회의 차이를 다음과 같이 표현할 수도 있다. 홀리즘holisme의 사회에서는 기본적 단위가 신분이나 직무이지만, 개인주의의 사회에서 그것은 개인이다(앞의 책, 82쪽). 홀리즘의 사회는 성립기를 알 수 없을 정도로 그 역사가 오래되었다. 홀리즘의 구심력에서 벗어나 현세를 방기한 개인은 힌두교하에서 최초로 나타나고, 이어 헬레니즘 시대에 나타났다. 하지만 이런 개인이 개인주의의 담당자가 되기 위해서는, 원시 기독교 교단의 형성에 이어 기독교권의 종교개혁을 기다리지 않으면 안 되었다.

그러면 종교 개혁에 의해서 어떤 일이 일어났을까. 앞에서 제시한 바깥 원과 안쪽 원의 동심원 그림(〈그림 1〉)은 이데올로기 배치와 관련해 생긴 종교개혁 이후의 주요한 변화를 간략히 보는 데 도움이 된다. 즉 '신적인 것'인 정신적 존재로서의 개인이라는 "지상의 가치에 둘러싸여서, 반대항으로서의 세속적 요소가 지상

의 가치에 의해 압박되어"가는 변화이다. "세속 생활(안쪽 원)이
점차 탈속적인 요소(바깥 원)에 침식되고 마침내 세계의 불균질성
이 완전히 소멸하는 데까지 이르게 된다. 그것에 의해 장場이 통일
되고, 전체론(안쪽 원)이 자취를 감춘다. 그리고 현세에서의 생활은
그 지상 가치(바깥 원)에 순응하는 것이 되고, 그리하여 세속외 개
인이 근대적인 세속내 개인이 된다. 여기에 기독교가 처음부터 은
밀히 내포하고 있던 강대한 힘이 역사적으로 발현한 것을 볼 수가
있다"(앞의 책, 51쪽).

개인 탄생의 이야기

여기서는 서구에서의 개인이라는 관념의 역사를 요약하면서 내
용을 조금 보충해 두겠다. 세속외 개인의 세속내 개인으로의 이행
은 종교 개혁보다 1,000년 이상이나 앞서 이미 한 차례 행해지고
있었다. 중기 이후, 특히 후기의 스토아 학파가 세속 바깥의 현자
를 세속 안으로 데리고 들어온 시기가 그것이다. 이것에 의해 현
자와 속인의 구별이 없어지고, 인간이 모두 평등한 존재로 바뀐
다. 이성理性을 지니고 있는 것은 현자만이 아니다. 이런 평등주의
가 로마법의 기초가 되었다.
　종교 개혁이 근대 사회에 초래한 평등주의는 후기 스토아 학파의
평등주의와 비슷하다. 종교 개혁은 성직자와 속인의 구별을 폐기

했다. 바꾸어 말하면 속인도 역시 성직자로 여겨지기에 이르렀다.

스토아 학파의 개혁(잠정적으로 이렇게 부르도록 하자)이 개인주의의 성립에까지는 이르지 못하고 그 성립이 기독교의 역사에서 일어난 종교 개혁을 기다리지 않으면 안 되었던 것은 어째서일까. 이 물음에 충분히 답할 준비는 되어 있지 않지만 다음과 같은 점을 지적하더라도 큰 잘못은 없을 것이다. 그것은 개인주의의 중핵인 인격의 존엄dignité이라는 관념이 스토아 학파보다 기독교 쪽에서 더 선명했다는 점이다. 그렇다면 인격의 존엄이라는 관념은 어디서 왔을까. 그것은 탈세속이라는 조건에서만 나오는 것이 아니다. 탈세속은 필요 조건이기는 하지만 충분 조건까지 포함하고 있지는 않다. 충분 조건은 피안彼岸에 있는 초월적 존재와의 교류이다. 현자의 은둔은 탈脫홀리즘이 필요 조건이었지만 성직자에 비하면 충분 조건에 조금 부족한 면이 있었다. 인격이 존경할 만한 가치가 있다는 명제 성립의 궁극적인 근거는 그것이 피안의 초월적 존재와 깊이 관련되어 있다는 점에 있다. 그 때문에 인격의 존엄이라는 관념은 스토아 학파보다 기독교 쪽에서 더 선명했다. 종교 개혁에 의해 성직자와 속인의 구별이 없어지자 신과의 접촉을 전문으로 하는 성직자가 품고 있던 인격의 존엄이라는 관념, 사람은 모두 신의 사랑을 받고 있는 한 존경할 만한 가치가 있다는 관념이 속인에게도 공유되기에 이르렀다.

위에서 말했듯이 개인은 세속 안이 아니라 세속 바깥에서 탄생했다. 지겹게 되풀이하는 것 같지만 그 점을 다시 한 번 강조해 두고 싶다. 개인은 세속적 공동체의 질서 바깥에서 태어난다. 그는 그 질서의 바깥에서 신 혹은 자연과 같은 어떤 초월적인 존재와 교류한다. 이런 교류 속에서 그는 자신의 개체성의 범위를 넘어서게 된다. 자세히 말하면 세속적 질서 안에서는 주위로부터 자신을 구분하는 윤곽을 가지고 있던 인간이 세속 바깥에서 초월적 존재와 동화해 개체성의 틀을 넘어서는 시점에서 개인이 된다. 세속적인 의미에서의 개체성을 잃는 것, 초월적 존재와의 교류에 의해 그 존엄을 자기 안에 받아들이고, 그것을 통해 스스로 존경할 만한 가치가 있는 존재로 변하는 것, 이것이 개인 탄생의 이야기이다. 따라서 개인은 세속적 질서 속에서의 권리 의무의 체계에 뿌리를 내리고 있지 않다. 예컨대 폴리스 안의 시민은 권리 의무의 체계 속에서 자신의 개체성을 확립하고 있었다. 그런 시민의 연장선상에서 개인은 결코 출현하지 않는다. 시민에서 벗어나 시민으로서의 개체성을 잃어버릴 때, 그리고 세속 바깥의 초월적인 존재와 교류할 때, 그때 비로소 개인이 탄생한다. 개인의 기원은 탈脫시민성에 있다는 것, 이 점은 아무리 강조해도 지나치지 않다. 설령 일단 개인이 된 인간이 세속적 공동체의 질서로 회귀하고 그곳의 법, 즉 권리 의무의 체계에 복종하게 되었다고 하더라도 그곳의 권리나 의무가 개인을 낳은 것이 아니다. 그와 반대로 그곳의 법이 강한 권위를 갖게 된 것은 세속 바깥에서 개인이 복종하고 있던 초월적 존재의 권위가 법으로 이행했기 때문이다.

종교적 개인과 경제적 '개인'

이상에서 세속외 개인이 세속계로 들어옴으로써 세속적 행동이 신성성神聖性을 띠게 되는 경위를 밝혔다. 그리하여 근로, 저축 등의 세속내의 유용 가치가 그것에만 머무르지 않고 동시에 종교적인 헌신 가치의 색채를 띠게 된다. 그러나 뒤몽은 지적하지 않았지만 세속외 개인의 세속계 지배는 그 대가를 수반하지 않을 수 없었다. 세속외 개인은 세속계에 들어옴으로써 속취俗臭(속된 냄새)를 어느 정도 들이마시지 않을 수 없다. 그것은 공리주의라는 속취이다. 뒤몽은 세속외 개인이 세속내 개인으로 대가 없이 이행한 것처럼 말하고 있지만 실은 그렇지 않았다. 개인주의에는 언제나 공리주의의 그림자가 따라다니게 된다. 그것은 당연하다면 당연한 일일 것이다. 널리 받아들여지고 있듯이 근대의 개인주의를 초래한 요인은 한 가지가 아니라 두 가지이기 때문이다. 한 가지는 지금까지 자세히 말해 온 요인으로 기독교에서 유래되고 종교 개혁에서 다시 타올랐던 개인의 지고 가치라는 관념이고, 다른 한 가지는 교환에 의해 지배되는 경제 시스템의 출현(예를 들어 Alexander D. Lindsay, "Individualism", ed. by E. R. A. Seligman, *Encyclopedia of Social Science*, vol. 7, 1937, 676쪽)이다.

새로운 동력의 사용에서 시작된 산업 혁명의 연장선상에서 시장 경제 시스템이 성립했다. 이 시스템도 또한 홀리즘의 세계로부터 인간을 분리시키고 독립된 단위로 바꾸어 놓았다. 다만 이 독립된 단위는 초월적 존재와 관계 있는 개인이 아니라 자기 이익을 추구하는 주체로서의 '개인'이다. 종교 개혁이 만들어 낸 개인과 산업 혁명이 만들어 낸 '개인'은 서로 닮지 않은 면을 지니고 있지만 공통적인 면도 지니고 있다. 그것은 홀리즘의 세계로부터 분리되어 있다는 점이다. 여기에 종교적 개인주의와 경제적 개인주의가 서로 대립하면서도 같이 공명하는 이유가 있다. 실제로 종교적 개인주의나 경제적 개인주의 모두가 같은 사회 계층, 즉 부르주아로 불리는 기업가들을 주요 담당자로 삼고 있기 때문에 양자가 공명하는 것은 당연한 일이었다. 다만 경제적 '개인'은 종교적 개인이 자신에게 부여한 인격의 존엄이라는 가치를 몸에 지닐 수 없다. 초월적 존재와의 관계없이는 그런 가치가 생겨나지 않기 때문이다. 하지만 경제적 '개인'이 자기 이익을 추구하는 대담함은 종교적 개인에서 그 자신감을 빌려 왔기 때문이라고 생각된다.

여기서 다음과 같은 의문이 생긴다. 뒤몽에 의하면, 근대화란 종교적 개인주의가 "세계를 완전히 균질화하는" 것이었다. 그러나 경제적 개인주의가 세계를 완전히 균질화한 것이 바로 근대화라는 주장도 있다. 흔히 세속화론이라 불리는 것이 그것이다. 따라서 서로 반대되는 과정을 주장하는 두 개의 설이 있다는 것이 된다. 한쪽은 세계의 종교화를 주장하고, 다른 한쪽은 세계의 세속화를 주장한다. 어느 쪽이 옳을까. 이 물음에 대해 우리는 모두 옳다고 답하겠다. 이렇게 답하는 이유는 다음과 같다. 종교적 개인과 경제적 '개인'이 위치하는 세계(《그림 1》의 바깥쪽 원)의 압력이

미치게 되는 전체론(홀리즘)적 질서(〈그림 1〉의 안쪽 원)에도 두 부분이 있다. 하나는 신으로부터 인가sanction를 받았기 때문에 신성한 왕권, 그 관료인 제후, 그리고 그들의 지배를 지지하는 성직자로 구성되는 중핵 부분이고, 다른 하나는 길드Guild와 같은 응집성이 강한 상공업자들로 구성되는 주변 부분이다. 농민층은 어느 쪽인가 하면 중핵 부분에 가깝다. 종교적 개인과 경제적 '개인'은 모두 전체론적인 질서의 전 영역에 밀치고 들어가 그것을 해체시켜 간다. 즉 두 종류의 개인이 안쪽 원의 중핵 부분과 주변 부분 모두를 침식해 들어간다. 이것이 현실의 과정이었다고 우리는 생각한다. 근대화=종교화 이론(막스 베버Max Weber[1864~1920]나 뒤몽)은 이 과정의 종교적 개인이 전체론적 질서의 주변 부분(상공업계)에 미친 영향을 특히 조명하고, 근대화=세속화 이론(보통의 세속화론)은 이 과정 속에서 경제적 '개인'이 전체론적 질서의 중핵 부분(궁정, 교회 그리고 이것들을 둘러싸고 있는 농촌)에 미친 영향을 특히 조명한다. 두 가지 근대화론은 그 때문에 근대화의 총체적인 과정을 포착하는 서로 다른 시각perspective이라고 할 수 있다.

이상에서 근대화의 두 가지 힘이 홀리즘을 해체하는 과정을 개략적으로 살펴보았다. 하지만 우리가 볼 때에는 그것은 완전히 해체되지는 않는다. '신분이나 직무'라는 카테고리에 전혀 의거하지 않고는 사회를 구성할 수 없기 때문이다. 따라서 개인주의의 사회라 하더라도 어느 정도 홀리즘을 잔존시키고 있다. 다만 그 정도가 약한 서구 사회는 개인주의적이고 그것이 강한 사회, 예컨대 일본 사회는 전체론적이라고 비교상 구분해서 말할 수 있겠다.

그런데 앞에서 말했듯이 개인주의의 발생 조건으로 볼 때 종교적 개인주의와 경제적 개인주의 두 가지가 석출析出된다. 전자는 인격의 존엄을, 후자는 자기 이익의 추구를 기본적인 요소로 삼고 있다. 두 가지 이외에 정치적 개인주의, 윤리적 개인주의, 인식론적 개인주의, 방법론적 개인주의 등이 거론되어 왔다. 이것들 각각의 특징에 대해 깊이 파고들어 말하는 것은 이 책의 취지에서 벗어나기 때문에 언급을 삼가지 않으면 안 된다. 그 때문에 논거를 제시할 수 없지만 이 다양한 개인주의들 가운데서 개인주의의 발생 조건에서 보면 종교적 개인주의와 경제적 개인주의가 개인주의 전체(그것은 타원형으로 나타낼 수 있다) 속의 두 개의 중심이라고 주장하고 싶다. 이 두 가지 중에서 발생 순서와 논리적 순서 양쪽에서 보면 종교적 개인주의 쪽이 경제적 개인주의보다 기본적이라고 생각된다. 자기 이익의 추구는 홀리즘의 세계에서도 사실상 행해져 왔고 또 행해지고 있지만, 인격의 존엄이라는 관념은 거기서는 확산되지 않고 있기 때문이다.

위에서 말했듯이 '인격의 존엄'과 '자기 이익'이 개인주의의 두 개의 기둥이 되었다. 이것들 가운데서 전자가 후자에 다양한 정도로 침투해 들어간다. 종교적 개인주의의 담당자인 정신적 존재로서의 인격은 경제적 개인주의의 담당자인 경험적 주체로서의 개개인보다 추상도抽象度가 높고, 따라서 개개인의 안에는 정신적 존재로서의 공통된 인격이 내재하고 있다고 간주되기 때문이다. 그리하여 '자기 이익'을 추구하는 경험적 주체는 그것을 추구하는 과정 속에서 개체 초월적인 의미를 다양한 정도로 감지할 수 있다. 그 때문에 '자기 이익'의 추구가 다소나마 자기 실현self-fulfilment의 색채를 띠게 된다. 한편 '인격의 존엄'이라는 관념도 '자기 이익'의 추구에 의해 다소의 영향을 받는다. 하지만 그것은 전자가 후자에 미치는 영향만큼은 아니다. 추상도가 높은 인격은 그것이 낮은 경험적 주체로서의 개개인에 내재하지만 역逆은 있을 수 없기 때문이다. 개개인은 인격에 내재하지 않는다. 그러나 개개인의 경험이 그들 속에 있는 인격의 인식이나 실현에 즈음해 조건으로 작용하는 것도 부정할 수 없다. 베버가 '자기 이익'의 끝없는 추구에 의해 금욕 윤리가 쇠퇴한다고 진단한 것도 이런 작용에 주목했기 때문일 것이다.

오늘날의 여러 개인주의적 경향들

다음에서는 '인격의 존엄'과 '자기 이익'의 상호 영향이라는 관점에 서서 다양한 개인주의적 경향들 가운데 주요한 것들에 대해 언급하겠다.

1. '자기 이익(자기 실현)'. 그것은 ① 경쟁·성공의 클러스터cluster (무리)와 ② 자기 표현 클러스터를 포함한다.

① 경쟁·성공의 클러스터. 근대에 접어들자 주로 비즈니스business 의 세계에서 개개인은 누구에게도 의존하지 않고 혼자 힘으로 '자기 이익'을 추구하는 경향이 현저해졌다. 물론 사람들은 경쟁의 규칙rule을 지킨다. 하지만 그 틀 안에서 모든 수단을 사용해 타자他者를 물리치고 성공이라는 목표goal에 도달하려고 한다. 이러한 경향은 독립 자영獨立自營하는 기업가들이 주인공이었던 산업자본주의 단계의 두드러진 특징으로 무자비한 개인주의ruthless individualism로 불려 왔다. 그러나 커뮤니티가 자립성과 연대성을 지니고 있던 시대에는 그 커뮤니티 출신으로 성공한 사람이 그 속에서 명사名士로 칭송받는 대신 그 커뮤니티의 복지에 공헌했다. 이런 경우, 사익과 공익이 눈에 보이는 형태로 양립했다. 하지만 대기업이 시장을 지배하는 독점(내지 과점) 자본주의 단계에 들어서면 커뮤니티의 자립성과 연대성이 약화되며 자기 이익의 추구가 공익과 결부되는 기반을 잃어버린다. 벨라R. N. Bellah[15] 등은 공익과 분리된 자기 이익을 추구하는 개인주의를 공리주의적 개인주의라 부르고 있다. 이에 대해 사익이 공익과 일치하는 옛날의 좋은 시대의 개인주의는 공화주의적 개인주의이다(시마조노 스스무島薗進·나카무라 케이시中村圭志 역,《心の習慣》, みすず書房, 1991).

② 자기 표현 클러스터. 자본주의가 성숙함에 따라 미개발의 프론티어frontier가 축소되고 산업 자본주의에서 독점 내지 과점 자본주의 단계로 옮아간다. 이 단계에서는 예전의 독립 자영 기업가층 (구중간층)은 적어지고 그 상당 부분이 대기업에 근무하는 신중간

층으로 편입된다. 그리하여 프론티어의 개발을 둘러싼 가차없는 경쟁이 진정되기에 이른다. 사냥감이 적어진 이상 경쟁에 열중하더라도 성공할 수 있는 확률이 낮기 때문이다. 경쟁의 정신spirit에 불타고 있던 구중간층을 대신해 주역이 된 신중간층에서는 자기 주장은 완화되고 동조성同調性이 강화된다. 신중간층의 직장인 거대 조직 안에서는 상사나 동료의 요구에 민감하게 반응하며 그들과 타협해 가는 것이 눈에 띄는 자기 주장보다 승진에 유리하기 때문이다(리스먼David Riesman, 《孤獨な群衆》, みすず書房, 1964).

이런 일의 영역에서의 자기 주장 억제는 여가 영역에서의 자기 표현에서 보상을 찾아낸다. 자기 표현은 소비하는 방식의 개인적인 선호에서 시작되어 다양한 영역에서의 취미 탐구에 이른다. 취미 탐구의 경우 동호자들끼리 모여 어소시에이션을 만드는 일도 드물지 않다. 벨라 등은 이러한 자기 표현을 추구하는 개인주의를 표현적 개인주의라 부르고 있다. 표현적 개인주의는 하나의 문화culture가 되어 신중간층에 속하는 사람들이나 그 가족들뿐만 아니라 더 넓은 범위로 확산되어 나간다.

2. '인격의 존엄'. 그것은 ① 자율성 클러스터와 ② 자기충족 클러스터를 포함한다.

① 자율성 클러스터. 세속외 개인은 초월적 존재와의 관계에서 자신의 존재 이유를 알고 있다. 따라서 앞에서 말했듯이 그는 본래적으로는 세속내의 타자에 의해 영향을 받는 일이 없다. 하지

만 그는 동시에 경험적 주체이기도 하므로 세속내의 타자와 관계를 맺으면서 생활하고 있다. 그래서 그는 타자의 눈을 의식하지 않을 수 없다. 그런 타자 의식은 물론 어느 시대에나 다 있었다. 그러나 근대에 들어와 경쟁·성공에 대한 경향이 강해짐에 따라 자타自他를 비교하는 의식이 날카로워졌다. 그 때문에 초월적인 존재로부터의 메시지에서 행위의 근거를 찾는 자율성도 세속내 타자에 대한 의식에 침식당하게 된다. 타자 의식에 사로잡힌 자율성은 세속에 매몰되어 있는 타자와 자신은 다르다는 자존심의 형태를 취한다. 그러나 타자와의 차이를 인정하는 것이 자기 한 사람으로는 충분하지 않다. 타자도 또한 그것을 인정하지 않으면 안 된다. 이것이 이른바 자존심의 패러독스paradox이다. 본래 초월적 존재와의 관계에서 존경할 만한 가치가 있는 존재가 된 자신이 그 탁월성을 인정받기 위해 타자에 의존하기에 이른다. 하지만 그렇다고 해서 초월적 존재와의 관계에서 근거를 찾는 자율성이 모두 타자 의식 수준의 자존심으로 환원되어 버리지는 않는다. 자율성은 끊임없이 세속내 타자에 대한 의식에 위협당하면서도 개인주의의 중핵적 요소로서 행위에 방향을 부여하고 있다. 어떠한 경험적 주체에 의해서도 침범할 수 없다고 여겨지는 인권 의식도 개인주의의 이런 중핵적 요소에서 나온다. 그 경험적 주체가 타자가 아니라 자기 자신이라 하더라도 자기 안의 존경할 만한 가치가 있는 인격을 반작용 없이는 침해할 수 없다. 타자나 자기 속에 있는 인격을 침해했을 때 생기는 반작용은 죄책감이라 불러 왔다.

② 자기 충족 클러스터. 이것은 정서적 독립, 혹은 정서적 자기 충족self‑suffiency으로 정의되는 개인주의이다. 정서적 독립이란 누군가를 동정하며 기뻐하거나 슬퍼하는 일이 있더라도 그것이 그 타자에 특별한 개인적인 애착을 품고 있는 경우에 한정되어 있다는 것을 의미한다. 이런 종류의 개인주의자는 자신이 소속되어 있는 집단이라는 것만으로 그 집단과 정서적으로 일체화되거나 하지 않는다. 예를 들어 자신의 학교 스포츠 팀이나 국가의 승리나 패배에 즈음해 기뻐하거나 슬퍼하는 일은 없다(도어Ronald P. Dore, 《二十一世紀は個人主義の時代か》, 가토 미키오加藤幹雄 역, サイマル出版會, 1991, 33·107쪽). 도어[16]는 이러한 정서적 독립이 일본인의 경우에는 약하다고 지적하고 있다. "비개인적인 것을 개인화하고, 사회 관계에 정서를 끌어들이려 하는 것이 일본인의 일반적인 성향이라고 할 수 있다. 이런 점이, 영국인이 대부분의 기능상 사회 관계를 가능한 한 비개인적인 상태 그대로 두고 정서적 중립성의 틀 안에 넣으려는 의사를 갖고 있는 것과 대조적이다". 도어는 일본인의 이런 특징이 간과되는 경향이 많다고 말한다(앞의 책, 75쪽). 이것은 중요한 지적이다. 확실히 국가와 커뮤니티를 대표하는 것으로 간주되고 있는 스포츠(예를 들어 축구) 팀의 승패에 열광하는 서구의 서민들도 적지 않다. 그러나 일본인들처럼 친밀한 관계를 넓고 좁은 다양한 영역에 걸쳐 의제적擬制的으로 확대하는 국민은 달리 존재하지 않을 것이다. 정서적 독립의 태도는 우리에게 헬레

니즘 시대의 현자를 상기시킨다. 홀리즘으로부터의 이러한 분리 detachment가 서구 개인주의의 본류에 뿌리를 내리고 있다고 주장하더라도 아마 틀리지 않을 것이다. 에비자카 다케시海老坂武[17]는 "유토피아 민주주의의 학교는 시민을 양성하는 것이 아니라 각자가 집단 규범에서 자신을 분리시키는 저 작은 의식의 움직임을 끌어내어 각자가 개인이 되는 것을 목표로 한다"고 말하고 있다(《思想の冬の時代に》, 岩波書店, 1992, 252쪽). 인종적·계급적 다양성에 입각한 민주주의는 폴리스(도시 국가) 속에서가 아니라 그것으로부터의 정서적 독립 속에서 싹터왔다는 것을 여기서 다시 한 번 확인해두고 싶다.

이상에서 오늘날의 개인주의적 경향을 네 개의 클러스터로 나누어 개략적으로 살펴보았다. 이들 네 가지는 서구(아메리카를 포함한) 사회에서 발견되는 경향이지만 일본 사회도 서구와 마찬가지로 자본주의가 성숙 단계에 도달해 있기 때문에 이 경향들 중 하나가 일본에서 발견된다 하더라도 이상할 것이 없다. 다만 여기서는 기독교의 영향이 약하고 또 다음 장에 서술되어 있듯이 불교가 가마쿠라鎌倉 시대 이후 힘을 잃어버렸기 때문에 〈2. '인격의 존엄'〉과 관련된 두 개의 클러스터는 발견하기 어렵다. 일본 사회에서 오늘날 개인주의적이라 일컬어지고 있는 경향은 〈1. '자기 이익(자기실현)'〉가운데서 두 번째 클러스터, 즉 자기 표현 클러스터이다. 그중에서 특히 소비 방식에 나타나는 개인적인 선호가 주목되며, 이것이야말로 현대 일본인이 개인주의적이라는 것의 증

거가 된다는 주장도 있다. 하지만 이것만을 갖고 오늘날의 일본인이 개인주의적이 되어 있다고 판정하기는 극히 어렵다. 그 이유는 지금까지 말해 온 것으로도 명확하다.

일본의 사상과
문학에 나타난 개인

불교 전래에 의한 '세속외 개인'의 출현

개인주의의 중핵적 요소인 인격의 존엄이라는 관념이 서구에서는 헬레니즘Hellenism 시대에 싹텄지만, 일본에서는 오랫동안 충분히 알려지지 못했다. 그것이 제도로서 받아들여지게 된 것은 겨우 2차 세계대전 후에 제정된 헌법에서였다. 인격의 담당자로서의 개인이라는 개념이 일반에게 이해되기 시작한 것도 메이지 초기의 일이었다. 이 책의 〈세간과 세상 사람〉 장에서 서술한 대로 2차 대전 이후에도, 인격의 존엄이라는 관념이 일본인 사이에서 쉽게 내면화되지 않았다는 것을 우리는 잘 알고 있다. 예컨대 '종군 위안부'에 대한 사죄가 일본 총리에 의해 이루어지기까지는 오랜 세월이 필요했다(그러나 개개인에 대한 배상은 문제가 되지 않고 있다). 홈리스homeless 노인에 대한 청소년의 학대, 약자에 대한 학교 내에서의 이지메(따돌림) 등과 같은 사례도 끊이지 않는다.

인격의 존엄이라는 관념이 홀리즘의 세계로부터 분리detach된 현자의 입장에서 나온다면, 일본에서는 이와 비슷한 입장을 취하는 것이 일찍이 존재하지 않았던 것일까. 이런 물음에 대해 우리의 머릿속에 곧바로 떠오르는 것은 9세기부터 11세기에 걸쳐 배출된 은둔자(둔세자)의 존재이다. 그 당시는 고대 국가는 해체되었지만 봉건 사회 체제가 아직 확고히 자리 잡지 못한 시기였다. 속인(귀족)이 신분이나 관직을 버리고 머리를 깎는 경우도 있었고, 관승官僧(관청으로부터 도첩度牒을 받아 출가를 인정받은 승려)이 사원이나 교단에 실망해 수행의 길로 들어서는 경우도 있었다. 다만 둔세자가 살아가는 방식은 실로 십인십색十人十色 다양하기 짝이 없었다(메자키 도쿠에目崎德衛, 《出家遁世—超俗と俗の相剋—》, 中公新書, 1978, 9쪽). 즉 마을에서 떨어진 초막이나 암자에 틀어박히는 사람도 있고, 출가했으면서도 계속 권력 투쟁에 관여하는 사람도 있었다. 하지만 둔세자에 대해 당시 사람들이 품고 있던 이미지는 세속계에서의 명리 추구를 포기하고 사람들의 눈을 피하며 수행에 힘쓰는 모습이었다. 이런 이미지가 말로 전해져 내려오고 있던 겐핀玄賓(734~818)[18]이라는 승려의 일화 속에 구상화具象化되어 있다. 출가한 뒤 사람들에게 높은 덕을 인정받은 그는 헤이제이平城 천황(재위 806~809)이나 사가嵯峨 천황(재위 809~823)의 후한 대접을 받았지만 세상에 나오는 것을 꺼려 여기저기 떠돌아다녔다. 나룻배의 사공 노릇을 하고 있을 무렵에는 제대로 뱃삯도 받지 않고 오로지 염불만 외우고 있었다. 그러다 사람들 눈에 띄면 곧 자취를 감추어 버렸다. 겐핀은 거의 전설속의 인물로 그 실체가 명확하지는 않다. 하지만 바로 그렇기 때문에 도리어 우리는 그에게서 민중들이 그려 낸 둔세자의 이상형을 발견할 수가 있다. 사이교西行(1118~1180)[19]가 지었다는 《센주쇼撰集抄》는 덕德을 숨김으로써 덕이 드러나는 식의 은둔자를 칭송하고 있는데, 이 책은 중세에서 근세를 거쳐 메이지에 이르기까지 계속 읽혀 왔다(이토, 앞의 책, 210쪽).

겐핀과 같은 인물에서 우리는 세속외 개인을 발견할 수 있지만 일본의 세속외 개인은 서구의 그것과는 다른 점이 있다. 다음에서는 그 점에 대해서 말하고 싶다.

먼저 일본에 있어서의 세속외 개인의 출현은 6세기 불교 전래 이후의 일이라는 점을 들 수 있다. 이에나가 사부로家永三郎[20]는 이 세상과 저 세상의 비연속성이라는 관념을 서구 세계에 가져온 것은 기독교이고, 그 관념을 일본에 가져온 것은 중국에서 들어온 불교라고 보고 있다. 다만 일본의 태곳적에도 현실계現實界에 대해 별세계別世界로 여겨지는 다카마노하라高天原[21]를 믿고 있었는데, 거기서는 논농사, 목축, 광공업이 행해지고 있었다. 그곳은 현실계의 연장이라 해도 좋은 세계였다. 또한 고대인은 현세의 쾌락을 소박하게 추구하는 데 만족하고, 악惡도 쉽사리 극복될 수 있다고 보고 있었다. 이런 긍정적인 인생관은 이 세상과 저 세상이 연속적이라 보는 세계관에 부합된다(《日本思想史における否定の論理の發達》, 〈叢書名著の復興10〉, 新泉社, 1969, 26·31쪽). 인생을 부정적으로 보는 시각이 없는 이상, 별세계가 구상되더라도 그것이 현실계와 이질적인 것으로 표상될 리 없기 때문이다. 질병과 죽음, 탐욕과 악업

惡業 등 인생의 부정적인 측면에 대한 반성이 불교의 전래와 함께 시작된 것은 분명하다. 이미 7세기경 쇼토쿠聖德 태자(574~622)가 그 가족을 향해 "세간은 허망하고 오로지 부처만이 참된 진리[世間虛假, 唯佛是眞]"라고 말하고 있는데, '세간은 허망한 것'이라는 관념의 발생은 일원적인 연속적 논리밖에 갖고 있지 않았던 일본인의 인생관에서 보면 가히 혁명적인 현상이라 하지 않으면 안 된다(이에나가, 《日本道德思想史》, 34쪽).

서구에서도 이승과 저승의 비연속관非連續觀을 가져온 것은 헤브라이 기원의 기독교였는데, 이것은 중국 불교가 일본에 미친 영향과 평행선을 그리며 서로 비슷한 관계를 이루고 있다. 이런 병행성竝行性은 누구나 다 인정하는 바일 것이다. 하지만 이원론적 비연속관이 아니라 세속외 개인을 비교의 틀로 선택하면 서구와 일본의 병행성을 인정하기 어렵다.

앞 장에서 말했듯이 서구에서는 기독교의 침투에 앞서 세속외 개인인 현자의 입장이 이미 존재하고 있었다. 한편 불교가 전래되기 이전의 일본에서는, 세속적 현실을 부정하는 세속외 개인의 입장이 아무리 찾아도 발견되지 않는다. 양자의 차이가 어디서 비롯되는지는 세계사 지식이 부족한 사람이 쉽게 답할 수 있는 문제가 아니지만 양자가 처해 있던 사회적 환경의 차이가 하나의 답이 되지 않을까 한다.

그리스의 여러 도시는 해상 교통로가 열려 있는 지중해에 접하고 있어 문화를 달리하는 여러 종족들과의 교류를 피할 수 없었다. 이미 살펴본 대로 키니코스 학파에는 외국인이 있었다. 서로 다른 여러 문화가 교류할 때 그 교류 속에서 보편성을 지닌 입장이 태어난다. 세속외 개인의 입장은 그런 보편성을 지닌 입장에 다름 아니며, 그런 입장에서 자국 본연의 모습을 하나의 특수성으로서 상대적으로 볼 수 있게 된다. 이것이 그리스적 세계의 경우였다. 이에 반해 고대의 일본은 외부의 사회적 환경에 대해 상대적으로 닫혀져 있었다. 물론 중국으로부터의 (때로는 조선을 경유한) 문화의 유입이 없었던 것은 아니지만, 그것은 끊임없는 흐름이 아니라 간헐적이었다. 게다가 중국 이외 지역으로부터의 영향은 거의 비슷한 조선으로부터의 영향을 제외하고는 거의 없었다. 그리스와의 이러한 사회적 환경의 차이가 일본에서 보편적인 세속외 개인의 시각이 성립되지 않았던 이유 중 하나이다. 불교의 전래는 세속외 개인이라는 관념과 종교적 비연속관을 일괄적으로 일본에 가져왔다.

세속외 개인이라는 관념과 종교적인 비연속관은 모두 세속적 홀리즘의 질서로부터의 거리를 설정한다는 점에서 공통점을 갖고 있다. 그러나 세속외 개인은 그 자체로서는 종교적이지 않다. 종교성이란 이 세상과 저 세상, 지상과 천상의 사이에 근본적인 균열이 있고, 전자를 부정不淨 또는 허망한 것, 후자를 청정淸淨 또는 진실한 것으로 보는 시각이다. 헬레니즘 시대에 발생한 세속외 개인이라는 관념은 기독교와 결합됨으로써 그 초속성超俗性에 종교적 악센트가 덧붙여졌다고 생각되지만, 그것 자체로서는 하늘과

땅을 매우 엄격히 구별하는 그노시스Gnosis[22]주의적 색채를 띠고 있지는 않다. 한편 기독교는 그 자체로서는 원래 정치 철학 내지 사회 철학을 갖고 있지 않았다. 기독교가 자신을 세속계와 결부시키는 사상(예를 들어 "카이사르의 것은 카이사르에게, 하느님의 것은 하느님에게")을 갖게 된 것은 후기 스토아 학파 덕분이다.

요컨대 기독교는 현자의 사상에 이원론적인 깊이를 부여하고 현자의 사상은 기독교를 지상에 확산시키는 상호 제휴 관계가 있었다. 뒤에서 또 언급하겠지만 세속계에 대해 기독교는 능동적인데 반해 불교는 수동적이라고 하는 것은 한편으로는 불교가 전래되기 이전의 일본에는 정치 철학이나 사회 철학이 존재하지 않았기 때문일 것이다.

되풀이해서 말하면 서구에서는 기원을 달리하는 세속외 개인과 비연속적 종교인(간략화하다 보니 기묘한 표현이 되고 말았다)이 헬레니즘 시대가 끝날 무렵에 하나가 되고, 일본에서는 이들 양자를 처음부터 하나로 통합한 불교가 6세기에 전래되었다. 세속외 개인과 비연속적 종교인이 역사상 일체가 되어 있기 때문에 뒤몽의 용어법에 따라 양자를 하나로 합쳐 세속외 개인으로 부르고자 한다. 이 세속외 개인이 세속계에 들어와 그것을 지배하게 될 때 개인주의가 성립한다는 것이 앞에서 말한 뒤몽의 견해인데, 세속 바깥과 세속 안의 관계를 〈그림 1〉보다 한층 더 상세히 보여 주기 위해서 〈그림 3〉을 제시한다.

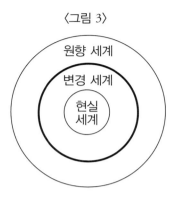

〈그림 3〉

원향 세계

변경 세계

현실
세계

세속계 · 반속계反俗界 · 초속계超俗界

〈그림 3〉은 사토 마사히데佐藤正英[23]가 일본의 은둔자들의 존재 양태를 파악하기 위해 궁리해 낸 개념 틀을 그림으로 나타낸 것이다. 그는 세계를 '원향原鄉 세계', '변경 세계', '현실 세계' 세 가지로 나누고 있다.

사토에 의하면 8세기에 성립한 율령 국가의 지배권은 '현실 세계'라 불린다. 하지만 그 관료적 지배는 지방의 변경에는 직접 미치지 않는다. 그런 의미에서 그 땅들은 율령 체제 바깥쪽에 있다. 그러나 "변경 세계는 어디까지나 현세의 안에 있고 현실 세계의 일부분이다. 그 한도 내에서는 율령 체제내 세계와 다를 바가 없다. 그것은 속세가 지니고 있는 여러 계기를 어떤 형태로든 지니지 않을 수가 없을 것이다. 또한 율령 체제의 바깥쪽에 있다고는 하더라도 율령 체제가 내포하고 있는 유형 무형의 제 규칙들로부터 완전히 자유로운, 그것들과 아무런 관련이 없는 세계일 수 없다. 그럼에도 불구하고 변경 세계가 하나의 자립 세계일 수 있는 것은 그 배후에서 율령 체제내 세계와는 별개의 또 하나의 세계의 존립이 예감되고 있기 때문이다. 그 세계는 피안彼岸에 있는 원향 세계이다. 피안의 원향 세계는 중고中古 시대(헤이안 시대)의 사람들에게 자신의 모든 완전한 형태의 욕망이 어느 정도의 시간의 경과 속에서가 아니라 눈앞에서 즉시, 그리고 조금도 흠잡을 데 없이, 완전히 충족되는 그런 세계이다"(《隱遁の思想》, 東京大學出版會, 1977, 69~70쪽).

이제 〈그림 3〉의 설명으로 옮겨 가자. '변경 세계'를 둘러싼 원의 선이 굵게 그려져 있는 것은 그것이 '현실 세계'에 거리를 두고 있으면서도 율령 체제의 안쪽에 있다는 것을 나타낸다. 하지만 이 거리 때문에 '변경 세계'에 있는 사람들은 '현실 세계'에 대해 비판적인 입장을 취할 수 있다. 그럼에도 불구하고 "변경 세계는 결코 피안의 원향 세계 그 자체는 아니며", "그것은 어디까지나 속세와 원향 세계와 서로 접하는 장에 지나지 않는다. 그러나 속세에 있는 사람들에게 그것은 피안의 원향 세계가 현실 세계 속에 그 어렴풋한 편린을 남기고 있는 장이다"(앞의 책, 71쪽).

이상의 세 가지 세계의 개념은 율령 체제라는 특정한 역사적 문맥에 입각해서 구성된 것이지만, 이 개념들은 특정한 문맥에서 벗어나 일반적으로 통용될 수 있는 사정거리를 갖는다. 다음에서 시험 삼아 그것을 적용할 것인데, 그 경우 본래의 개념의 외연外延에 당연히 다소 변화가 생기게 된다. 우선 '변경 세계'는 원래는 지리적인 변경만을 가리키고 있지만 그 개념의 외연이 확대되어 '현실 세계'의 가치 기준에 동조하지 않는 이단자異端者 층을 가리키게 된다. 다음으로 세속외 개인(비연속적인 종교인을 포함한다)이 위치하는 것은 '원향 세계'라고 생각해도 좋지만, 이 점과 관련해서는 본래의 개념의 외연을 그리 넓게 확장시킬 필요가 없다. 마지막으로 그가 처음 세속계에 들어왔을 때에는 그는 '변경 세계'의 주민으로 이단자 취급을 받을 것이다. 하지만 그는 세속내 개인이 되어 '현실 세계' 사람들의 전체론적 가치 기준을 바꾸려고 한다. 그 영향을 받은 사람들도 또한 그와 마찬가지로 세속내 개인이 된다. '현실 세계', '변경 세계', '원향 세계'에 좀 더 일반적인 이름을 붙인다면 그것들을 각기 세속계, (세속내) 반속계, 초속계라 명명할 수도 있을 것이다. 우리가 〈세간과 세상 사람〉의 장에서 세간이라 부른 것이 '현실 세계' 또는 세속계에 해당한다는 것은 두말할 나위도 없다.

앞에서 말했듯이 중세에 배출된 은둔자의 생활 방식은 다양한데 당시에나 지금이나 사람들이 그에 대해 품고 있는 이미지는 명리를 추구하며 나날을 보내는 인간 세상을 버리고 홀로 숨어서 구원을 찾는 고독한 사람이다. 이런 이미지를 대표하는 사람을 든다면 아마도 사이교西行일 것이다. 히노日野산에 틀어박혀 살았던 가모

노 초메이鴨長明[24]도 그런 이미지에 가깝지만, 그의 경우에는 세속계에 대한 강한 집착이 엿보이기 때문에 사이교만큼 둔세적이지는 않다. 겐코[25]兼好법사(1283~1350?)는 날카로운 세간 비평으로 비평가로서의 능력이 초메이를 능가하고, 또한 초메이에서 발견되는 세속계에 대한 양면 감정ambivalence도 없다. 겐코는 투철한 리얼리스트라는 점으로 후세 사람들로부터 높은 평가를 받아 왔지만 구원에 대한 원망願望이 외부에서는 잘 안 보이기 때문에 둔세자의 이미지에서 좀 멀리 떨어져 있다. 그래서 세속외의 관점에 서 있는 문인들 중에서 사이교가 가장 전형적인 둔세자로 간주되어 왔다.

그는 23세(1140년) 때 처자식을 버리고 출가한 이래 궁정 사회 출입을 완전히 중단해 버리지는 않았지만, 73세 때 가와치河內의 산사山寺에서 입적할 때까지 일정한 거처 없이 멀리 오슈奧州까지 고된 떠돌이[표박漂迫] 여행을 계속하는 한편, 들르는 사원에서 가혹한 수행을 되풀이했다. 그 사이에 읊은 와카知歌가 2,090수首였다고 한다. 그 속에는 '원향 세계'에 대한 동경을 노래한 것이 많이 있다. 사이교가 종종 와카의 주제로 택했던 달과 꽃은 '원향 세계'의 상징symbol이었다.

반속적反俗的 초속자超俗者 타입

사이교를 대표자로 하는 문인 은둔자들을 탈세간脫世間의 제1그룹이라 부른다면, 그와 구별되어도 무방한 탈세간의 그룹이 그 밖에 또 두 개가 있다. 그중 하나는 문인으로서 자연미自然美를 노래하거나 세간 비평을 쓰거나 하지 않고 오로지 종교인으로서 구도만 하는 그룹이다. 가마쿠라鎌倉 불교의 창시자였던 호넨法然 (1133~1212)[26]이나 신란親鸞(1173~1262)[27]을 그 대표로 볼 수 있을 것이다. 그들은 애초에 승적僧籍을 지니고 있었지만 국가의 진호鎮護나 귀족에 대한 봉사를 주요 목적으로 하는 교단의 성격에 강한 의문을 품고 일신一身의 구제를 가장 중요시하는 동시에 구원의 길을 민중들에게도 열어 주려고 또다시 마음을 돌이켜 먹었다. 그들의 역할은 서구의 프로테스탄티즘의 그것과 비슷하다고 여겨져 왔다. 그들이 기성 교단으로부터 이반한 것은 일종의 은둔으로 간주되어도 무방하다. 탈세간의 제3그룹은 운둔자는 아니다. 이 그룹에 대해서는 뒤에 깊이 살펴보기로 하겠다.

호넨이나 신란에만 한정되지 않고 그들에 앞서, 혹은 그 후에 나타난 신불교新佛教(귀족 불교에서 벗어난)—여기에는 다양한 종파가 있었지만—의 조사祖師들의 공통점은 철저한 반反세간주의였다. 예를 들어 도겐道元(1200~1253)[28]이 "국가나 몸이 멸망해 없어지려는 위기의 원인은 무분별하게 세속을 따르는 것이다. 세속에서 칭찬하는 말을 들을 때에는 진실을 얻을 수 없다. 속俗을 변화시키는 사람을 성인聖人이라 해야 하고, 속을 따르는 자는 어리석다고 해야 할 것이다"《正法眼藏》佛道), "불법佛法은 완전히 모두 세속에 위배된다. 그래서 승려가 완전히 세속을 외면하는 것이다"《正法眼藏

隨聞記》)고 선언한 것이 가장 단적인 솔직한 표현이다. 또한 그는 출가와 세속의 혼효混淆(뒤섞임)를 막으려 하며, "제왕과 친근하게 지내지 않고 제왕과 만나지도 않았으며 승상丞相과 친분을 두텁게 하지 않고 관원官員과도 친분을 두텁게 하지 않는다"(《正法眼藏》行持), "제왕이 승니僧尼(승려)에게 예배할 때, 승니는 답배하지 않는다, 그것은 출가의 공덕功德이 뛰어나기 때문"(앞의 책, 三十七品提分)이라고 하면서, 교단이 세속적인 정치 세력에 접근하는 것을 금지하고 출가의 고차高次적인 입장을 분명히 했다(이에나가, 《日本道德思想史》). 출가의 자각은 도겐에서 가장 전형적으로 나타나고 있지만, 당시의 다른 종교적 지도자들도 같은 입장에 서 있었다. 그들은 초속계의 관점에서 세속계를 상대적으로 바라보았던 것이다.

신불교인들의 입장은 초속계가 아니라 반속계의 입장에 서 있는 것이 아닐까 하는 의문도 들 수 있을 것이다. 하지만 이 시기의 불교 사상이 헛되이 생명을 경시하거나 생업을 버리거나 하는 것에 대해 긍정적인 태도를 보여 주지 않는 데서 그 사상이 반속적이 아니라 초속적이라고 추론할 수 있다. 사람은 머잖아 정토淨土에 갈 수 있기 때문에 죽음을 서두를 필요가 없다고 호넨은 주장하고 있고, 사람은 인연에 따라 다양한 생업을 영위하게 마련이며 어떤 것을 생업으로 하든 상관없다는 것이 신란의 가르침이었다. 이런 교설敎說 속에서 "현세 생활의 가치를 일단 전면적으로 부정함으로써 도리어 현실을 용감하게 살아 나가는 생활태도"를 발견할 수 있다(앞의 책, 65쪽). 사람이 초속계까지 이르지 못한 채 반속계에 머무르게 되면 속세의 단순한 부정으로 끝나 버리게 된다.

초속계에 입각한 신불교의 반세간주의 시각에서 본다면 당연한 일이지만 세속계 내의 계급별·성별 등의 차별이 의미를 잃어버린다. 호넨, 신란, 도겐, 니치렌日蓮[29] 등은 모두 여인 성불女人成佛(여인도 부처가 될 수 있다는 것)을 주장하고 그들에 앞서 사이초最澄(766~822)[30] 역시 왕자도 출가하면 서민과 똑같다며 출가의 세계에 속계의 계급적 구별을 끌어들이기를 거부했다. 그 외에 죄수, 거지, 난치병 환자 등을 교화하거나 유민流民을 위해 집을 짓고 식사를 제공하며 복지에 힘쓴 승려들도 있었다(앞의 책, 66~67쪽). 세간에서 아득히 먼 '원향 세계'의 관점에 서면 '현실 세계'와 '변경 세계'의 구별도 없어지며, 귀족도 거지도 모두 똑같다는 평등주의적 인간관이 나타나게 된다.

염불을 외우기만 해도 극락왕생할 수 있다는 가마쿠라 신불교의 교화 방법은 가능한 한 많은 민중을 구제하기 위한 것이었다. 호넨은 이런 교화 방법에 반대하는 사람들을 설득하더라도 아무 소용이 없다고 생각했지만(와쓰지 테쓰로和辻哲郎, 《日本倫理思想史》상, 岩波書店, 1952, 383쪽), 신란은 적극적으로 전도傳道하며, 간토關東에서 초기 진종眞宗 교단을 설립했다. 하지만 혼간지本願寺[31]의 통제를 받아 새 교단 운동은 순조롭게 발전해 가지 못했다.

무로마치室町 시대를 거쳐 오다 노부나가織田信長, 도요토미 히데요시豊臣秀吉가 지배하는 시대를 맞이해 노부나가의 무력에 의한 탄압도 있어 불교 교단이 정치 권력과 타협하기 시작했다. 이들 두 사람은 모두 자신을 신격화하려고 했는데, 그것은 세속계의 지배자가 그대로 초월적 존재가 될 수 있다고 생각했기 때문이다. 그 후 도쿠가와德川 시대를 거쳐 오늘에 이르기까지 출가 정신은 두 번 다시 고양된 적이 없었다. 중세에 정점에 이르렀던 출가 정신이 근대로 이어질 수는 없었지만, "일본 사상사의 하나의 최고봉을 이루는 것"으로 평가될 수 있다(이에나가, 《日本道德思想史》, 68쪽).

앞의 문맥으로 되돌아가기로 하자. 중세에 있어서의 출가자의 세속계에 대한 거리 설정은 두 종류로 나뉜다. 하나는 초속계에 몸을 두는[왕생往生] 것에 의한 세속계의 절대적 부정이고 다른 하나는 몸을 반전시켜서 세속계에서 살아가면서[환생還生] 그것을 비판하며 변혁시키는 상대적 부정이다.

절대적 부정 뒤에 환생한다는 신불교의 논리는 머리로는 이해할 수 있어도 실천하기는 쉽지 않다. 그것은 출가자가 세속계로 다시 돌아오자마자 그곳의 홀리즘 질서에 완전히 사로잡혀 보통의 속인으로 변해버릴 위험이 있기 때문이다. 이 질서와의 상대적 거리를 유지하며 그것을 비판하는 시각을 잃어버리지 않기 위해서는 다시 초속계로 왕생해 그곳으로부터 정신적 에너지를 보급받지 않으면 안 된다. 이것은 말로는 쉽지만 실행하기란 어렵다. 세속적 홀리즘의 질서가 지니고 있는 흡인력이 가까운 사람들을 통해 끊임없이 작용하고 있기 때문이다. 게다가 정치 권력이 강할 때에는 그 흡인력에 반발하기가 점점 더 어려워진다. 일본의 사회사에서 세속계에 대한 절대적 부정과 상대적 부정의 협주協奏가 거의 이루어지지 않은 것은 이 때문이다. 그것은 초속과 반속反俗이 하나가 되는 경우이고, 우리가 다른 곳에서 가끔 사용해 왔던 용어로 표현한다면(예를 들어 사쿠다 게이이치作田啓一, 《三次元の人間》, 行路社, 1995) 바로 초개체아超個體我와 독립아獨立我가 결합하는 경우이다. 그럴 때 세속외 개인의 이념형이 모습을 나타낸다. 신불교가 낳은 출가자가 그 이념형이었지만 일본 사회는 이 이념형을 전통으로 존속시키지 못했다. 그 후 때때로 그것을 떠올리는 일은 있었지만 대부분 세월의 흐름 속에서 잊혔다.

초속자超俗者 타입

세속외 개인의 이념형을 탈세간의 제 2그룹 속에서 확인했으므로 그런 견지에 입각해 제 1그룹으로 되돌아가 그 특징을 검토해 보기로 하자. 우리가 은둔자라는 말을 듣고 제일 먼저 떠올리는 것은 이 그룹 사람들이다. 그들은 겐핀과 같은 수행을 계속하는 떠돌이[표박자漂迫者]이기 때문에 실제로는 '변경 세계'에 속해 있지만 사상적으로는 그곳에 위치하고 있지 않다. 그들은 '원향 세계'에 몸을 둔다. 다만 그들은 그곳에서 환생해서 '현실세계'에 대해 항의 행동을 벌일 생각은 없다. 이 그룹에 속하는 사람들 가운데서 가장 잘 알려져 있는 인물은 앞에서 말한 대로 사이교일 것이다. 사토는, 사이교가 '변경 세계'에 속해 있고 '원향 세계'에 대한 동경을 노래한 시인이라는 견해를 택하고 있지만(앞의 책, 여기저기), 우리는 '변경 세계' 개념의 지리적 내포內包를 포기하고 거기에 상징적 의미를 부여하고 있으므로 사이교는 '변경 세계'가 아니라 '원향 세계'에 몸을 두고 있다고 해석하고 싶다.

사이교가 일신의 구원을 바라며 출가한 것은 확실한 것 같지만, 그는 구도자가 아니라 시인으로 유명해졌다. 그는 출가한 뒤에도 궁정 사회에 출입하고 있었지만 귀족들을 자신과 같은 길로 인도하려고 한 흔적은 없고 단지 뛰어난 가인歌人으로서 그곳에 초대되었을 뿐이다. 만약 어떤 사람이 구도자라면 그는 같은 길을 추구하고 있는 다른 사람을 찾을 것이다. 물론 찾아내더라도 아무 소용이 없다는 것을 알게 되면 찾는 일을 그만두겠지만 그것의 덧없음에 대해서는 말할 것이다. 하지만 사이교에게는 그런 '현실 세계' 속에서 다른 사람에게 손을 쓰는 것이나 그런 행위의 덧없음에 대해 읊은 노래가 하나도 없다. 그것은 그의 맑고 깨끗함의 증표라 할 수도 있으며, 그것이 그의 인기의 한 요인이기도 할 것이다. 물론 '현실 세계'에 대한 미련은 노래하고 있다. 예를 들어 다음과 같은 노래 등이 그렇다.

세상을 버리려 해도 버릴 수 없는 기분이 들어
도읍을 떠날 수 없는 이 내 몸이여

자신을 버리며 수행하는 사람은 정말로 자신을 버리는 것일까

버리지 않는 사람이야말로 버리는 것이나니

두 번째 노래의 취지는 과감하게 깨끗이 세상을 버리는 것보다도 고뇌 끝에 출가하는 쪽이 진짜라는 것이다. 그러나 어찌 되었든 이것들은 버린 과거에 대한 집착의 노래이지, '현실 세계'로 돌아가 그 속에서의 구도자의 고독을 읊은 노래는 아니다. 그는 '원향 세계'를 비추어주는 자연미에 대한 도취를 노래하는 데 머물렀다.

자연은 말하자면 한계가 없는 시스템이다. 정말로 사이교에게 자연미의 결정結晶으로 보이는 달이나 꽃은 고체固體이지만, 그는 이 고체들 자체가 아니라 그것들을 움직여 흩뜨리는 무한한 자연, 혹은 우주에 끌려드는 것이다. 유한한 존재인 개체로서의 자신도 얼마 후에는 그 무한한 자연에 녹아 들어갈 것이고, 또한 미래가 아니라 현재의 순간도 무한을 감상하고 있는 그 의식이 바로 우주의 의식이라고 느껴진다. 무한한 자연 앞에 서게 되면 사람은 자신의 한계를 넘어설 수 있기 때문에(마음이 몸에서 벗어날 수 있기 때문에), 유한한 세계 속에서 고뇌하고 있는 마음이 편안해진다. 요컨대 자연은 구원의 기능을 갖고 있다.

요시노산吉野山 나무 끝의 꽃을 본 날부터
내 마음은 몸을 떠나 버리게 되었네

걸핏하면 달빛이 고운 하늘에서 떠돌며 나아가는
마음의 끝을 알 수 있으면 좋으련만

사이교는 자연미에 대한 몰입을 통해 출가해서 죽을 때까지 와카和歌(일본 고유의 정형시)를 계속 지어 일본 최초의 전문 직업인으로서의 가인歌人이 되었다. 그 업적이 탁월해서 그는 수행하면서 노래를 읊은 것이 아니라 노래 전문가가 되기 위해 세상을 버렸다는 견해까지 나올 정도이다(이에나가 사부로家永三郎, 〈日本思想史に於ける宗敎的自然觀の展開〉, 《日本思想史における否定の論理の發達》, 130~131쪽). 이런 견해에 대해 이론異論이 제기될지도 모르지만, 앞에서 말한 탈세간의 제2그룹과 비교해 보면 사이교는 세속외 개인의 전형에서 벗어나 있는 것이 틀림없다. 그가 세속외 개인이었던 것은 확실하지만 그것은 세속 안으로 되돌아온 적이 없기 때문이다. 그는 헬레니즘 초기의 현자와 닮았다. 사이교는 세속적 홀리즘과 관계 없는 자로 자신을 자리매김하고 무한이 모습을 드러내는 자연미에 대한 도취를 노래하는 것에 자신의 역할을 한정시켰다. 그는 초속자로서 살았고 반속자가 되지는 않았다.

되풀이해서 말하면 세속적 홀리즘의 질서로부터 벗어나 구원을 찾는 은둔자에게는 두 가지 타입이 있다. 하나는 초속계에 몸을 두는 인식자認識者인 동시에 세간 속에서 반속자가 되어 도를 추구하는 구도자이기도 한 타입, 다른 하나는 오로지 초속계에 몸을 두는 인식자로만 머무는 타입인데, 우리는 전자를 제2그룹, 후자를 제

1그룹이라 불러 왔다. 인식자에 머무는 타입을 제 1그룹이라 부르는 것은 이 그룹이 9세기 이후 제 2그룹보다 높은 빈도로 출현하고 또 그 저변이 넓어 많은 사람이 거기에 소속되어 왔기 때문이다.

상징적 은둔자

사이교 이후 실제로는 출가하지 않았지만 마치 은둔자인양 자연미에 몰입하는 사람들이 배출되었다. 그들은 신코킨新古今 시대[32]에 수많은 명가名歌(이름난 노래나 좋은 노래)를 남긴 귀족들이다. 그들은 연애를 포함해 인간 생활에서 일어나는 이런저런 일들에 관한 노래는 거의 읊지 않았다. 그 노래는 대부분 조케이카敍景歌(자연의 풍물을 객관적으로 표현한 노래)였다. 하지만 그들은 실제로 두메 산골에 산 적이 없기 때문에 노래하고 있는 자연이 사이교가 감상하는 자연보다도 한층 더 구상성具象性이 부족하고 주체의 심경心境과 대상의 자연이 구별되지 않을 정도로 상징성이 고도화되어 있다.

봄날에 배다리처럼 미덥지 않은 꿈이 마침내 중도에 끊어져
하늘을 바라보며 가로로 기다랗게 낀 구름이 봉우리를 떠나네(후지와라 노 사다이에藤原定家[33])

꽃이 다 져서 이렇다 할 대상도 없이 바라보고 있노라면

텅 빈 하늘에 봄비만 내리네(쇼쿠시 나이신노오式子內親王[34])

후지와라노 사다이에가 대표로 여겨지는 이 그룹은 사회적 카테고리로서는 은둔자에 포함시킬 수 없다. 그러나 자연을 통해 구원을 추구하는 점에서 사이교풍의 은둔자 계보와 관련되어 있는 것이 분명하기 때문에 탈세간의 제1그룹의 변종variant으로 자리매김해도 좋을 것이다. 이 변종의 특징은 사이교에서는 노래를 짓는 것과 조금 분리된 형태로 수행이 병존하고 있었던 데 반해 여기서는 수행이란 요소가 완전히 자취를 감추어 버리고 노래를 짓는 것 자체가 수행이 되어 버렸다는 점이다. 즉 이 그룹에 이르러 비로소 처음으로 순수한 시인이 등장했다고 해도 무방하다. 이 시인들의 작품은 만요萬葉의 사실 묘사에 뛰어난 강력한 작품으로부터 가장 멀리 떨어져 있으며, 그려진 현실의 자연은 "가인의 가슴 속에서 여과되고 상념화想念化되어 현실을 넘어선 일종의 형이상학적 존재로까지 고양되어" 있다(앞의 책, 167쪽). 예컨대 노래되고 있는 하늘이나 구름이나 꽃이나 비는 현실이라기보다도 가인의 꿈처럼 독자들에게 느껴진다. 이 노래들은 축적된 귀족 문화에서 비롯된 극도로 세련된 작가 기교를 보여 주지만, 동시에 유한한 세계의 덧없음을 바라보는 탈속적인 시각도 드러내고 있다. 그리하여 '원향 세계'에 몸을 둠으로써 세속 안에서의 번뇌에 의한 괴로움이 상대화되어 견디기 쉬워질 것이다. 그래서 그들이 구축한

형이상학적 자연도 역시 일종의 구원 기능을 지니고 있었다.

　제 1그룹의 변종의 계보를 좀 더 살펴보기로 하자. 무로마치 시대에 접어든 뒤 선종禪宗의 영향도 있어 다실茶室[35]이 탄생했다. 다실은 나무로 둘러싸여 있고 두메 산골의 초암草庵을 본뜬 것이다. 그것은 수도에서 산중한거山中閑居의 경지를 맛보기 위해서 만들어졌다. 중세의 다실에서 재생된 산촌山村 정신은 근세에 들어 바쇼芭蕉(1644~1694)[36]의 생활에서 새로운 양상하에 다시 한 번 되살아난다. 그는 리큐利休(1522~1591)[37]에 의해 대표되는 '차'의 정신을 계승한다고 말하고 있다. 바쇼암芭蕉庵의 주인은 두메 산골의 은둔자처럼 고독을 견뎌 내고 적막한 자연을 사랑했다.

　몸에 스며드는 무처럼 매운 가을 바람
　겨울에 초목이 마르면 세상은 바람 소리 일색
　우울한 나를 더욱 쓸쓸하게 하려무나, 뻐꾸기야

　사이교의 길을 근세에 걸은 것으로 여겨지는 바쇼는 사이교와 마찬가지로 "적막함이나 슬픔에서 도피하지 않았고 오히려 적극적으로 나아가 이런 적막감에 잠김으로써 만족하는 역설적인 경지에 이르러 있었다"라고 이에나가 사부로는 끝맺고 있다(앞의 책, 189·205·208~209쪽).

　그가 말한 그대로이지만, 어째서 이런 역설이 성립하는 것일까. 세상 속에서 살아가며 무리 지어 모여도 사람은 외롭다. 그 외로움에서 벗어나 두메 산골로 들어가더라도 외로워 찾아오는 사람을 은근히 기다리고 있다. 그렇다면 같은 것이 아닌가. 하지만 무리 속의 고독은 스스로 그것을 극복하려 해도 끊임없이 다른 사람들에게 방해를 받는다. 그에 반해 두메 산골의 고독은 자신이 만들어 낸 세계 속의 고독으로 자신과의 대화에 의해 그 고독을 제어할 수 있다. 프로이트Sigmund Freud(1856~1939)는 생후 1년 반 된 사내아이의 '없다, 없다, 있다, 있다' 놀이를 다음과 같이 설명했다. 그는 실꾸리를 방의 한쪽 구석이나 침대 밑에 던져 놓고 "없다, 없다" 하고 말하고 뒤이어 실을 끌어당겨 그것을 본래의 자리로 되돌리며 "있다, 있다"라고 말한다. 이것은 엄마의 부재와 현존을 반복하는 놀이이며 엄마의 부재도 놀이라는 상징계에 놓임으로써 그 부재가 견뎌 내기 쉬워진다는 것이다. 한 살 반된 아이의 자기 구원과 은둔자의 그것을 같은 위치에 놓을 수는 없지만, 최소한 원리는 양자에 공통되어 있다. 현실의 세상 속에 있을 때의 고독보다 상징화된 자연 속에 있을 때의 적막함 쪽이 견뎌 내기 쉽다. 최소한 어떤 자질을 지니고 있는 사람에게는 그렇다. 그런데 한 살 반 된 아이의 경우와 달리, 은둔자는 유한과 무한을 구별할 줄 안다. 유한의 세계 속에서의 고독은 유한한 자신과 유한한 타자 사이에 벽이 존재한다는 것이다. 그래서 자신이 이 벽을 무너뜨리려 하더라도 상대가 무너뜨리려고 하지 않으면 고독에서 구제받을 수 없다. 그에 반해 무한한 자연 속에서는 유일한 상대는 벽을 갖고 있지 않은 자연이기 때문에 그 속에서의 적막함은 자신의 벽을 무너뜨리는 것만으로 극복될 수 있다. 그렇게 되면 무한 속에 녹아들 수 있다. 그런 의미에서 자연은 자신을 가두어 놓고 있는 벽으로부터 자신을 해방시키는 기능을 지니고 있다고 할 수 있다.

자연에의 몰입은 반드시 일본의 은둔자에 고유한 것은 아니다. 루소와 같은 '고독한 산책자'도 있었고 영국이나 독일의 낭만파 시인 또한 종종 자연을 찬미했다. 하지만 서구에서는 무한의 세계를 논리적으로 파악하려고 하는 경향 쪽이 강하며, 그것을 자연 속에서 감성적으로 파악하려는 경향은 일본에서 발전해 왔다. 즉 일본에서는 철학보다 문학이 무한의 세계에 접근하는 유력한 길이 되었던 것이다. 일본에는 전문적인 시인 외에 와카나 하이쿠를 짓는 인구의 저변이 크게 확대되어 있는데, 이 아마추어들도 많든 적든 간에 자연에 몰입하려는 경향을 지니고 있다고 보아도 좋을 것이다. 이것은 일본인이 세속 바깥으로 향하는 경우의 문화적 패턴을 가리키고 있다고 말할 수 있을 것이다.

그런데 앞에서 말했듯이 탈세간의 제2그룹에서는 초속계의 입장에 서는 인식자와 세속계로 환생해서 그곳의 부정不正과 싸우면서 도를 추구하는 구도자가 일체가 되어 서로 결합되어 있었다. 이 제2그룹은 신불교 속에서 한 번 출현했을 뿐이고 그 후 일정한 사회적 세력을 갖고 다시 등장한 적이 없었다. 제1그룹은 제2그룹의 인식자의 측면을 공유하는 데 머무르고, 구도 쪽은 예술적 정진이라는 형태로 전환된 채 윤리적으로 세속과 교류하는 길로는 들어가지 않았다. 이 점이 서구와의 차이점이다. 서구에서는 프로테스탄티즘이 출현하기 전인 11세기 전후에 남프랑스와 북이탈리아에서 일어난 카타리파[38]라는 대규모적인 이단異端 운동이, 구도자들이 엄격하게 수행하는 본연의 모습을 민중에게 보여 주었다. 그 외에 소규모적이기는 하지만 이단 사상과 운동이 종교개혁 시대에 이를 때까지 끊이지 않았다. 이단 운동이 일어나면 그것을 소멸시키기 위해 정통파는 그 사상을 부분적이기는 하지만 받아들이고 있었다. 그리하여 세속외 개인이 세속내 개인으로 몇 번인가 이행하고 있었던 것이다. 일본에서는 세속계에 환생해 구도하는 그룹이 대규모적인 형태로는 한 번밖에 출현하지 않았고 이후에는 은둔자가 거의 모두 제1그룹에 흡수되고 말았기 때문에, 세속외 개인의 세속내 개인으로의 이행은 거의 진행되지 않았다. 이것이 일본에서 개인주의가 미숙한 상태 그대로인 사회사적·사상사적인 원인이다.

　일본에서는 예로부터 젓가락·찻잔·밥상과 같은 식기류가 가족들 사이에서도 개인마다 자기 것을 사용하는 것으로 여겨져 왔기 때문에 이런 점에서 일본에는 서구에서는 발견되지 않는 형태의 프라이버시 관념이 존재하고 있었다는 민속학자의 주장도 있다. 하지만 이 사실을 세속외 개인에서 출발한 개인주의와 결부시키기는 어렵다. 식기류의 전용화는 오히려 집단 내의 서열성의 강조 쪽과 관련이 있는 것 같다. 집단의 우두머리가 접촉한 물건이 터부화되어 다른 구성원은 만지지 않는 관행은 아주 오랜 기원을 갖고 있고 또 전 세계에 널리 퍼져 있다. 그래서 가족 내에서도 먼저 가장이 사용하는 식기가 전용화되었을 것이다. 최근까지 일본에서는 가장의 찻잔은 특별히 컸다. 가장의 식기와의 접촉을 방지하기 위해 다른 가족 구성원들의 식기도 순차적으로 전용되어 갔을 것이라고도 생각된다. 어째서 그 정도로 전용화가 필요했을까 설명하기는 어렵지만, 만약 그것이 사실이라고 한다면 사용품의 이러한 개인화는 개인주의의 존재를 말해 주기는커녕 그와 반대로 서열성이라는 홀리즘의 특징을 보여 주는 것으로 간주하지 않으면 안 된다.

(세속내) 반속자反俗者 타입

그렇다면 탈세간의 제 2그룹에서 인식자와 결합되어 있던 구도자 쪽은 어디로 향하게 될까. 그는 세속외 운둔자 쪽으로 가지 않고, 세속 안의 무사 계급 속에 나타나게 된다(제3그룹).

본래 농민 출신인 무사武士가 전란 속에서 세력을 키우고 하나의 계급으로서의 세계관을 확립하게 된 것은 가마쿠라 시대였다고 한다. 무사 계급이 융성한 시기와 호넨·신란·니치렌 등을 조사祖師로 하는 가마쿠라 불교가 성립한 시기가 일치하는 데서 무사 계급의 에토스ethos인 주군에 대한 절대적인 헌신의 도덕과, 가마쿠라 불교가 말하는, 절대자의 자비慈悲에 의지해 그것을 타인에게 돌리는 자비의 도덕 사이의 친근함이 주목되어 왔다. 무사는 집단을 구성해 전투에 종사하는 것을 직업으로 삼아 왔는데 전투에 즈음해 주군인 지휘자의 명령에 절대 복종할 필요가 있다. 전투에서 세운 공적功績의 정도에 따라 무사는 주군으로부터 보수를 받았다. 보수에 대한 기대가 있다 하더라도 목숨을 거는 것은 큰 결단을 요구하기 때문에 그 결단을 지탱하기 위해서는 주군에 대한 절대적인 충성의 관념이 필요하다. 이런 충성의 관념은 평화로운 때가 되어도 계속 이어져 나갔다. 그것은 "군주가 군주답지 않더라도 신하는 신하답지 않으면 안 된다"라는 말에 잘 나타나 있다. 하지만 마루야마 마사오丸山眞男[39]에 따르면 '봉건적 충성'이라는 관념 속에서 오로지 권위에 대한 타율적 의존이나 주군에 대한 소극적인 공순恭順만을 간파해 내는 것은 올바른 역사적 이해가 아니다. "신하는 신하답지 않으면 안 된다"라는 지상 명제도 일정한 사회적 문맥에서는 "무한한 충성 **행동**에 의해 군주를 참된 군주로 만들어 가는 부단한 과정process으로 발현할 수 있는 가능성을 내포하고 있기" 때문이다. 그 경우에는 "군주가 군주답지 않으면 떠난다"는 이를테면 담백한, 그 한도 내에서는 무책임한 행동 원칙의 **'단념'**이 포함되어 있으며, 자신의 진로를 끊어 버리는 이 단념 때문에 도리어 **"주군을 향한** 집요하고 격렬하게 손을 쓰는 일"이 벌어질 수 있다. 그리하여 이른바 **'간쟁諫爭'**이 '절대적 복종'의 '필연적인 귀결corollary'을 이루게 된다(《忠誠と反逆》,[40] 筑摩書房, 1992, 18~19쪽).

현실의 군주를 이상적인 군주로 바꾸는 행동력을 내포하고 있는 것이 무사의 '봉건적 충성'의 에토스이다. 그리고 그것은 쿄호享保[41] 시대 때, 센고쿠戰國 무렵에 화려하게 꽃을 피웠던 무사도武士道에 대한 향수 어린 생각을 담은 《하가쿠레葉隱》[42]에까지 이어져 간다. 거기서는 "그저 지당하십니다라고만 말하는" 비굴함이나 주위에 맞추는 무사안일주의에 대한 혐오감을 토로하며 **"그 가문을 혼자서 짊어질 각오가 되어 있다"**고 긍지 높게 주장하고 있다(앞의 책, 19쪽).

이런 무사의 에토스에서는 신도 부처도 시야에 들어오지 않는다. 거기서는 단지 주군과 자신의 관계만이 문제가 되고, 그 관계를 이상적인 충성 관계로 삼기 위해서는 자신의 목숨을 바치는 것도 마다하지 않는다는 초월 지향超越志向이 핵심을 이루고 있다. 이러한 무사에게는 "지당하십니다라고만 말하는" 비굴함이나 주위에 맞추어 나가는 무사안일주의는 세속계에 자리매김되어 있고, 그의 아이덴티티identity(정체성)는 세속에 저항하는 반속계 안에 있다. 바꾸어 말하면, 그에게는 '원향 세계'는 존재하지 않는다. '변경 세계'에서 '현실 세계'와 싸울 뿐이다.

무사의 헌신의 도덕을 위와 같이 해석하면 그것이 탈세간의 제2그룹의 자비의 도덕(부처의 자비를 내면화한 도덕)과 비슷하다는 점을 강조해도 좋을지 어떨지 의심스러워진다. 비슷한 점을 강조하는 주장에 따르면 무사의 주종 관계를 계기로 자각된 무아無我의 실현은 불교 본래의 과제이기도 한데, 가마쿠라 불교는 현실적인 삶의 체험을 통해 이런 무아 실현의 기회를 다시 포착했다고 여겨지고 있다. "원래 불교는 인간과 **절대자와의 관계**에 주목하는 것이지 주종 관계와 같은 좁은 인륜 관계에 틀어박히는 것이 아니다." 하지만 "그 절대자에 대한 절대적 귀의의 태도에는 주종 관계에서의 절대적 신뢰의 태도와 통하는 것이 있다. 주군에게 완전히 헌신할 수 있는 마음의 상태는 한 걸음 더 나아가면 부처에 대한 완전한 귀의가 될 수 있을 것이다"(和辻, 앞의 책, 376쪽).

하지만 이 양자의 차이도 적지 않다. 와쓰지 테쓰로和辻哲郎(1889~1960)[43]가 인정하고 있는 대로 무사의 도덕은 "좁은 인륜 관계에 틀어박히는" 개별주의적particularistic 도덕으로 특정한 관계를 넘어서는 불교의 보편주의적universalistic 자비에 몸을 맡기는 도덕과는 근본적으로 다르다. 절대 헌신絶對獻身과 절대 귀의絶對歸依는 비슷하면서도 비슷하지 않다. 세속계의 상위자[주군]와 초속계의 상위자[아미타불]의 경우에는 복종의 방식이 자연히 다를 수밖에 없기 때문이다. 주군에 대해서는 '간쟁'의 가능성이 있지만, 아미타불에 대해서는 그런 가능성이 없다. 아마도 신도 부처도 시야에 들어오지 않으며, 그들의 매개를 거치지 않고, 또 동료들도 고려하지 않은 채 오로지 주군만 마주보는 것이 이념형으로서의 무사의 충성이 아닐까. 호조 시게토키北條重時[44]나 아시카가 다카우지足利尊氏[45] 같은 무사 계급의 상층이 무상관無常觀(모든 것이 덧없고 항상 변한다고 보는 관념)에 사로잡혀 '원향 세계'를 동경하며 둔세를 바라는 일이 있었다 하더라도 일반 무사의 생활을 고려하면,

그들의 "종교심에 그 정도로 심원한 사상적 내용이 있었을 리 없다"(이에나가,《日本道德思想史》, 101쪽)고 보아야 할 것이다.

그러나 무사의 도덕과 불교도의 도덕의 유사점은 '무아의 자각'이라는 주장은 버리기 어렵다. 다만 자아가 스스로를 맡기는 대상이라는 측면에 주목할 때에는 유사한 점은 사라지고 차이점이 나타나게 된다. 한편 그 대상이 아니라 현상現狀의 자기[유有인 자기]를 부정하고 끊임없이 그것을 초월해 가려고 하는 주체라는 측면에 주목하면, 양 도덕의 유사점이 선명하게 떠오르게 된다. 즉 그 주체인 성격이 나오는 근거가 보편주의적인 절대자에 있는지 아닌지를 묻지 않는다면 세속의 질서에 쉽게 휘말려 들지 않는 무사의 주체성은 불교도의 그것과 다르지 않다. 무사의 이런 주체성에 주목하면 거기서 개인주의의 한 형태를 볼 수 있을 것이다. 다만 무사는 개별주의의 틀을 벗어나지 못하므로, 바꾸어 말하면 보편주의적인 초속계에 눈을 감고 있으므로 괄호가 붙은 '개인' 주의자로 자리매김되는 것이 적당할 것이다.

반속적 무사의 계보

초속계에 눈을 감으면서 세간에 대항하는 반속자의 계보에 대해서는 좀 더 말할 것이 남아 있지만 그것은 뒤로 돌리고 지금까지 말해온 세 그룹 사이의 관계를 정리해 보기로 하자.

탈세간의 제 2그룹은 초속계의 무한 속으로 용해되는 한편, 거기서 얻은 시각을 세속계에 갖고 돌아와 그 변경에서 세속계와 싸우면서 현상의 자기를 초월해 가려고 한다. 즉 그들의 경우에 용해 지향과 초월 지향이 결합되어 있고 또 인식자와 구도자가 동거하고 있다. 우리는 이 그룹 안에서 세속외 개인의 이념형을 찾아냈다. 탈세간의 제 1그룹에서는 초속계에 몸을 던지는 것으로 고도의 인식 수준이 확립되지만 세속계에의 참여는 방기된다. 따라서 그들은 세속외 개인이기는 하지만 제 2그룹에서 발견되는 이념형으로부터는 멀리 떨어져 있다. 탈세간의 제 3그룹은 은둔자가 아니다. 그들은 가마쿠라·무로마치 시대부터 센고쿠 시대에 걸쳐 살았던 무사들에게서 발견되듯이 제 1그룹이 방기한 세속계와의 관계에 집착한다. 그러나 이 집착은 공리주의적인 관심이 아니라 이상을 좇는 구도자로서의 관심에서 비롯된다. 그들은 (세속내) 반속자이다. 따라서 제 1그룹과 제 3그룹은 각각 상대에 결여되어 있는 것을 갖고 있다는 의미에서 상호 보완적이라고 할 수 있다. 바꿔 말하면 제 2그룹에서 결합되어 있던 용해 지향과 초월 지향이 각기 분리 독립해서 제 1그룹과 제 3그룹으로 분담되어 있다. 일본에서 개인주의가 미성숙한 것은 용해 지향과 초월 지향의 결합이 아주 드물게 이루어져서 그 결합을 부단히 활성화해 하나의 전통으로 만들어버릴 기회가 없었기 때문이다. 그 대신 용해 지향에 대한 전념과 초월 지향에 대한 전념專念이 따로따로 활성화되어 왔다. 제 1그룹은 정의定義에 따라 세속외 개인이지만, 제 3그룹은 그렇지 않다. 그들은 세속 바깥으로 나가는 일이 없기 때문이다. 따라서 이 그룹에 속하는 사람은 아무리 반세간적이고 주체적이더라도 괄호가 붙은 '개인'이다.

중단된 제 3그룹의 (세속내) 반속자 계보로 이야기를 되돌리기로 하자. 17세기 초엽에 성립한 도쿠가와 막부하에서 이후 거의 250년 동안 안정되고 정체된 평화의 시대가 이어진다. 그 사이에 전란기에 형성된 무사들의 헌신의 에토스는 점차 쇠미해져 간다. 즉 절대 헌신의 이상주의를 대신해 보신保身 제일의 무사안일주의가 대두한다.

막부 말기에 가까워지면서 통상을 요구하는 외국의 압력이 커져 가며 일본 사회가 변동기에 들어선 것이 널리 감지되기에 이르렀다. 변동기의 사회는 인재를 필요로 하기 때문에 성격이 모났더라도 능력 있는 인물이 두각을 나타냈다. 그들은 대부분 시골의 하급 무사들이다. 그들은 정해진 일을 굳게 지키는 무사안일주의를 타기唾棄하며 현상을 넘어서려는 이상주의의 파토스pathos에 따라 움직이고 있고, 또 그런 점에서 내전이 계속되는 동란기가 낳은 주체성이 강한 무사 타입과 상통하는 면을 지니고 있다. 요코이 쇼난橫井小楠(1809~1869)[46], 사쿠마 쇼잔佐久間象山[47], 요시다 쇼인吉田松陰(1830~1859)[48], 사이고 다카모리西鄕隆盛[49] 등이 그 대표적인 인물이다. 앞의 두 사람은 개국파開國派이고 뒤의 두 사람은 양이파攘夷派로 입장은 서로 다르지만, 쇼난이나 쇼인은 에도의 하타모토旗本[50]들이 태평성대에 길들여져 공부에 힘쓰지 않으며 그

뜻도 크지 않은 데 정나미가 떨어져 있었다. 이 네 사람뿐만 아니라 막부 말기의 이른바 시시志士(지사)[51]들의 행동은, 일본의 운명이 자신들의 두 어깨에 달려 있다는 자부심에 의해 떠받쳐지고 있었다. 이 자부심은 짊어지는 단위가 한藩(번)이 아니라 쿠니國(국가)라는 차이는 있지만, "주군의 가문을 혼자서 짊어지겠다"는 하가쿠레葉隱 무사의 각오와 공통되고 있다.

　이 뜻이 높고 지적 능력이 뛰어난 인물들은 평화롭고 정체된 시대에는 주위 사람들과 화합하지 못하고 언행이나 성격에 모난 데가 있는 인물로서 출세 코스에서 벗어나는 것이 보통이었다. 하지만 변동의 시대가 되자 모가 났어도 뜻이 높고 능력이 뛰어난 '비상한 사람' 혹은 호걸이 사회에 필요하다고 여겨지기에 이른다. 그들의 행동 동기는 자기 이익이 아니라 국가가 직면하고 있는 난국을 타개하는 것이지만, 그 행동의 근거는 자기 자신에게 있으며 소속 집단에 있지는 않다. 그들의 강한 주체성은 예컨대 쇼인의 다음과 같은 서간書簡에 잘 나타고 있다. "뜻이 있는 무사가 때를 같이해 태어나 똑같이 이 길을 추구하는 것은 대단히 기쁜 일이다. 그렇지만 한 가지 일이라도 맞지 않는 것이 있을 때에는, 자신을 굽히고 다른 사람을 따라서는 안 된다. 또한 다른 사람이 필요해 자신에게 돌아오게 해서도 안 된다." 이 서간을 인용하며 미나모토 료엔源了圓[52]은 다음과 같이 글을 끝맺고 있다. "시시 집단이 결코 정신적 자립성을 잃어버린 전근대적인 사람들의 집단이 아니었다는 것을 우리는 간과해서는 안 된다"(《幕末·維新期における '豪

傑 的人間像の形成〉,《東北大學日本文化研究所研究報告》19호, 1983, 65쪽).

막부 말기의 변동기 지사들의 주체성은 센고쿠 시대 무사들의 주체성과 마찬가지로 철저하다. 하지만 전자는 후자와 달리, 주군과의 폐쇄된 인륜 관계를 넘어선 곳에서 뜻을 이루려고 한다. 그럼에도 불구하고 지사도 국가라는 개별주의의 틀을 벗어나지 못한 점에서 센고쿠 시대의 무사들과 마찬가지로 세속외 개인이 아니다. 지사는 아무리 주체적이라도 괄호가 붙은 '개인'에 머무르고 있다. 그는 반속자의 계보에 속하지만 초속자는 아니다.

물론 지사의 시야에는 일본뿐만 아니라 외국도 들어와 있었다. 호걸의 두 가지 요건은 뜻과 능력인데, 이 능력 중에는 막부 말기의 경우 해외 사정에 밝다는, 이전에는 없던 요건이 포함되어 있다. 그러나 외국도 '변경 세계'이지 '원향 세계'는 아니다. '원향 세계'는 지사들에게 문제가 되지 않았다. 이상이 유신에 이르기까지의 제3그룹의 계보이다. 이 계보는 메이지에서 쇼와昭和[53]에 이르는 시기의 반체제 운동의 활동가들에게까지 더듬어 갈 수 있다.

메이지 이후의 문학

그렇다면 메이지 이후의 일본의 근대화에서 반反홀리즘 입장에서는 세속외 개인(이하 개인으로만 부르기로 하자) 또는 '개인'은 어떠한 형태로 나타나고 있을까. 그 세 가지 유형이 전근대에 이미다 나와 있었으므로, 그 외의 유형이 새로 나오는 일은 논리적으로 있을 수 없다. 나오는 것은 여러 유형의 변형variant뿐이다. 다음에서는 지면도 얼마 남지 않았으므로 논의를 문학 영역에 한정시켜 개인의 존립을 추구한 사상가로서의 나쓰메 소세키夏目漱石[54]를 선택하고 싶다. 그러기 위해서는, 그와 비교되는 제 3그룹과 제 1그룹에 속하는 작가들도 언급할 필요가 있다. 다만 문학 작품을 논의의 대상으로 삼아 세 그룹을 구분하는 것이므로 초속계, 반속계, 세속계 등의 용어는 모두 현실의 영역이 아니라 상징의 영역과 관련된 것으로 사용된다는 점을 염두에 두어 주기 바란다. 예를 들어 시가 나오야志賀直哉[55]나 호리 다쓰오堀辰雄[56]는 실제로 출가하지는 않았지만 그들이 소설을 쓰는 입장은 초속계에 있다는 의미에서 제 1그룹으로 분류된다.

그러면 제 3그룹부터 시작하기로 하자. 플로베르Gustave Flaubert(1821~1880), 모파상Guy de Maupassant(1850~1893), 졸라Émile Zola(1840~1902) 등의 프랑스 자연주의가 메이지 후기에 수입되어 일본에서도 자연주의 작가들이 나타났다. 다야마 가타이田山花袋,[57] 마사무네 하쿠초正宗白鳥,[58] 도쿠다 슈세이德田秋聲,[59] 가사이 젠조葛西善藏[60] 등이 그들이다. 그러나 프랑스에서는 쓰는 사람의 주관적인 표현을 가능한 한 억제하고 인간의 욕망이나 사회의 법칙을 객관적으로 묘사하는 것이 자연주의의 방법이었던 데 반해 일본의 자연주의 작가가 그리는 것은 세간으로부터 고립된 자신의 괴로움과 긍지의 체험이었다. 특히 졸라에서 발견되는 과학적

관찰을 모방한 리얼리즘이 일본의 자연주의 작가에게는 익숙해지지 않았다. 그들은 실감實感을 토로하는 자전적인, 이른바 사소설적인 수법에 기울어져 있었다. 이런 장르의 소설에서는 건실하고 성실한 직장인으로, 혹은 원만한 가정인으로 살아갈 수 없었던 자신의 한탄이나 슬픔이 묘사되고 있지만, 그러나 동시에 굴욕적인 제도나 인습의 노예가 되지 않고 결벽潔癖하게 살아왔다는 긍지가 이야기되고 있다(이토 세이伊藤整, 〈近代日本人の發想の諸型式〉, 《小說の認識》, 新潮文庫, 181쪽).

그들은 세속계에 적극적으로 저항하려고 하지 않았지만 칠칠치 못한 생활을 하는 것을 통해 소극적으로는 세속계에 휘말려드는 것을 거의 본능적으로 거부했다. 그들의 결벽증이 그것을 허락하지 않았다. 그들이 평범하게 살아가는 것보다 보수가 적은 잡문을 써서 생활을 유지하는 데 만족하는 길을 선택한 것은 그런 결벽증에 의한 것이었다. 진짜 인간과 가짜 인간을 구별하는 규준이 된 것도 바로 이 결벽증이었다.

한편 일본의 자연주의 작가들 중에는 플로베르나 모파상처럼 세속계나 반속계를 넘어선 곳에 있는 궁극의 자연에 대한 두려움을 느낀 사람이 없다. 플로베르 등은 인간을 최후에는 해체시켜가는 '죽은 자연'(사쿠다, 〈エロスとタナトス〉, 《三次元の人間》, 앞에서 나왔음)을 보고 있었다. '죽은 자연'은 마이너스의 '원향 세계'이다. 일본의 자연주의 작가들에게는 세속계와 반속계라는 인간의 세계밖에 존재하지 않는다. 그들은 이런 인간 세계 속에서 성실하고

결벽하게 살아가려고 하는 일종의 구도자였다. 따라서 그들은 제3그룹 속에 자리매길될 것이다.

제1그룹의 은둔자, 예컨대 사이교의 경우 노래를 부르는 것이 수행의 대용물이 되고 있었는데, 사소설과 관련해서도 같은 말을 할 수 있다. 사소설 작가는 자신이 놓여 있는, 대인 관계가 어려운 상황을 소설 속에서 재현하며 고뇌의 경험을 되풀이했다. 그것은 거의 프로이트가 말하는 반복강박이다. 예를 들어 시대가 내려가지만 1935년에 쓰인 도쿠다 슈세이의 〈가장인물假裝人物〉에서 주인공인 작가는 자신의 애인이 자신을 배신하며 몇 번이나 부정을 저지르는 현장을 관찰하며 기술한다. 이 단계에 이르면 이별하고 떠난 여성의 남아 있는 향기를 이불에서 맡는 것과 같은, 다야마 가타이의 부끄러운 고백의 영역을 훨씬 넘어서 버린다. 가타이의 경우에는 생활인의 눈과 작가의 눈이 아직 충분히 분화되어 있지 않다. 그래서 작품이 생활인의 괴로운 실감을 토로하는 영역을 넘어서지 못하고 있지만, 슈세이의 경우에는 '작가로서의 눈'이 "자신의 에고ego(자아)를 죽이고 견뎌 내며 계속 지켜본다"(이토 세이, 앞의 책, 209쪽). 여기에는 '우아의 자각'이 있고 작품을 쓰는 것이 구도求道와 통하고 있는 것을 알 수 있다.

제1그룹 은둔자들의 자연을 찬미하는 문학이 그 변형을 포함해 12세기경부터 일본 문학의 유력한 조류였다는 것은 이미 앞에서 말했다. 자연 속에 몸을 둘 때 사람은 세속계나 반속계 속에서 느끼는 괴로움이나 슬픔을 상대화해 볼 수 있다. 이토 세이伊藤整

(1905~1969)[61]는 이런 입장을 '죽음 또는 무無에 의한 인식'의 입장이라고 규정하고 있다. 사람이 현세를 방기하고 대인관계로부터 해방되었을 때 하늘의 아름다움, 나뭇잎의 아름다움, 어린아이의 미소의 아름다움 등이 갑자기 의식된다. "그런 긍정적인 생명감이 가장 강하게 느껴지는 것은 그 사람이 죽는 것을 의식했을 때이다. 자신의 생명이 무로 돌아가고 이 세상의 자연과 인간의 모든 것이 자신에게서 없어진다는 의식을 갖고 있는 인간에게는 벌레나 나뭇잎도, 혐오와 동경으로 지금까지 상대하고 있던 인간도 모두 아름다운 모습을 나타낸다. 그 사람에게는, 그때 현세에 있어서의 이해의 다툼과 허영의 집착이 사라지고" 자연과 인간이 그 단순한 모습을 드러내기 때문이다. 이토는 시가 나오야, 호리 다쓰오, 가지이 모토지로梶井基次郎[62], 호조 다미오北條民雄[63] 등의 작품 속에서 이런 종류의 투철한 인식을 찾아낸다(앞의 책, 188~190·191쪽).

이 작가들은 대체로 자연 혹은 초속계 속에 몸을 두는 인식자로 '굴욕적인 제도나 인습의 노예'로서 생활하는 괴로움에는 관여하지 않았다. 시가 나오야는 대인 관계의 어려움을 묘사했지만, 그 관계는 가족이나 친구, 동료와 같은 좁은 범위의 것이었다. 그의 작품에는 서구의 근대 작가가 그렸던 사회는 등장하지 않는다. 어쨌든 초속계로부터 세속계로의 회귀는 없다. 이것이 제 1그룹의 특징이다.

소세키의 '자연'

　마지막으로 초속계와 세속계 사이를 왕복하는 제2그룹 작가의 사례를 들지 않으면 안 된다. 떠오르는 작가는 이시카와 다쿠보쿠 石川啄木[64], 나쓰메 소세키, 아리시마 다케오有島武郎[65], 미야자와 겐지宮澤賢治[66] 등인데, 지면 관계상 소세키에 대해서만 언급하기로 하겠다.

　소세키가 자연주의 작가들에 대해 품고 있던 불만은, 그들이 세속과 반속의 대립에만 사로잡혀 양자를 초월한 세계, 즉 초속계에 전혀 눈을 돌리지 않는다는 데 있었다. 《게이토鷄頭》 서문에서 소세키는 다음과 같이 말하고 있다. "이런 종류(자연주의)의 소설은 인생의 사활死活 문제를 억지로 끌고 와 절실한 운명의 극치極致를 그려 내는 것을 특색으로 한다. …… 이런 종류의 작품들에 대한 칭찬의 말을 들으면 제일의적第一義的이라든가, 의의가 깊다든가, 통절痛切하다든가, 심각하다고 말하고 있다. …… 실제로 이 작품들이 제일의적인 도념道念(도덕심, 도의심)을 언급하고 있는지도 모른다. 하지만 그 제일의라는 것은 생사계生死界 속에서의 제일의이다. …… 만약 삶과 죽음의 관문을 타파해 양자를 안중에 두지 않는 인생관이 성립될 수 있다면 지금의 이른바 제일의는 도리어 제이의第二義로 추락할지도 모르겠다." 이상을 인용한 이에나가家永는 "종교 사상가로서의 소세키의 면목"은 "거의 이 한 구절에 다 나와 있다고 해도 무방하다"고 평하고 있다. 자연주의 작가들은

어디까지나 '미혹'의 세계에 집착하며 '미혹' 안에서 '미혹'을 그려 내는 데 급급하고 이것을 한 번 '깨달음'의 빛에 비추며 그 새로운 빛 아래에서 보려고 하지 않는다. 그들에 대한 소세키의 불만은 말하자면 그 몰沒종교성에 있었다. 하지만 그러나 《몬門》이나 《고진行人》에서 볼 수 있듯이 "《게이토》 서문이나 《구사마쿠라草枕》에서 간단히 눈앞에 나타날 수 있는 것처럼 주장한, 삶과 죽음의 관문을 타파한 경계가 실제로 얼마나 도달하기 어려운 것인지 작가 스스로 그 작품들을 통해 설명했다"(《思想家としての夏目漱石》, 《日本思想史における否定の論理の發達》, 70~271·295쪽).

말년의 소세키가 도달했다고 말하는 칙천거사則天去私(작은 나를 버리고 자연에 의탁해 사는 것)의 심경이 어느 정도 안정된 것이었는지 아닌지는 알 수 없지만, 그가 평생 '삶과 죽음의 관문을 타파'하려고 한 것은 틀림없다. 그는 '삶의 근거'(사토, 앞의 책, 59쪽)를 초속계 안에서 확인하지 않으면 안심할 수 없는 작가였다.

하지만 그 '삶의 근거'라는 것이 사이교의 경우에는 동경의 대상이었지만 누구에게나 다 그렇다고는 할 수는 없다. '삶의 근거'가 거꾸로 두려움의 대상이 되기도 한다. 인간을 포함해 모든 살아 있는 것들을 살리고 죽이는 궁극의 자연이 '삶의 근거'로 여겨지는 경우도 있지만, 그 경우의 자연은 정겨운 것이라기보다는 오히려 두려운 존재이다. 그리고 인간은 이 두려운 '자연의 일부'로서 존재하고 있는 데 지나지 않는다. 그렇다면 《미치쿠사道草》[67](노방초)의 주인공에게 무의미한 삶을 살고 있는 데 지나지 않는 것으로 보이는 타인들도 그와 대등한 존재에 지나지 않는다. "《미치쿠사》를 가능하게 만든 것은, 바꿔 말하면 지식인 소세키의 철저한 상대화를 가능하게 만든 것은 이러한 '자연'의 비정한 눈을 그가 소유할 수 있었기 때문이다"(가라타니 고진柄谷行人, 〈意識と自然〉, 《漱石論集成》第三文明社, 1992, 50~51쪽).

'삶의 근거'로서의 이런 자연은, 인간이 행복감을 갖고 그 속에 용해되어 갈 수 있는 성질의 것은 아니지만, 그러나 그런 입장에 몸을 둠으로써 사람은 성가신 친족을 포함한 세간 속에서 자신의 위치를 확정할 수 있다.

그러나 소세키에서의 '자연'은 개체의 삶과 죽음을 조종하는 것과 같은 합리적으로 인식할 수 있는 이미지를 넘어 좀 더 두려운 불가해한 이미지를 지니고 있다. 그것은 '조용히 수면 위에 떠 있는 한 척 남짓 되는 비단잉어'라든가, 사람 없는 '거대한 사각형 집'이다(《道草》). 이것들의 배후에는 두려워해야 할 '원향 세계'가 있고, 그것이 이 사물들을 통해서 느닷없이 모습을 드러내는 것이다. 가라타니 고진[68]은 다음과 같이 말하고 있다. '자연'은 '의식'의 바깥에 전개되는 "비존재非存在의 어둠인데 소세키는 그것을 신이라고도 하늘이라고도 부르지 않는다. 어디까지나 그것은 '자연'이다. 소세키는 초월성을 사물[もの]의 감촉, 바꾸어 말하면 삶의 감촉을 통해서만 찾아내려 했기 때문이다"(앞의 책, 59쪽). 궁극의 자연은 인간 주체에게 에로스적인 '살아 있는 자연'으로서의 측면을 느끼게 하는 경우도 있고 타나토스Thanatos적인 '죽은 자연'을 느끼게 하는 경우도 있다. 소세키에게 '자연'이 언제나 '죽은 자연'으로만 느껴졌다고는 생각되지 않는다. 《소레카라それか ら》(그 후)에서 다이스케代助와 미치요三千代의 마음이 통하는 매개인 흰 백합(가메야마 요시아키龜山佳明, 〈白百合の至福〉, 《Signe de B》7, 1992)은 에로스적인 '살아 있는 자연'의 '현실의 세계'로의 돌출물이다. 실제로 소세키가 '살아 있는 자연'을 느낄 수 없는 사람이었다면 곧 뒤에서 말하겠지만 타인과의 융합을 추구하려 하지 않았을 것이다. 그러나 소세키의 감각은 대체로 '살아 있는 자연'보다 '죽은 자연' 쪽에 민감하게 반응했던 것 같다. 이런 점에서, 반자연주의 작가로 불린 소세키 쪽이 일본의 자연주의의 작가들보다도 플로베르나 모파상에 더 가까웠다고 할 수 있다.

에로스적인 '원향 세계' 뿐만 아니라 타나토스적인 '원향 세계'도 역시 '삶의 근거'가 되는 것은 어째서일까. 이 물음에 상세히 답하는 것은 여기서는 적절치 않으므로 다음과 같이 말할 수밖에 없을 것이다. 살아갈 근거를 찾는 것은 어떤 부류의 사람들(가능성으로서는 모든 가람들)의 본성이며, 이 근거를 받아들이는 것이 아무리 고통스러워도 그들은 그것을 찾지 않을 수 없다.

소세키의 개인주의

소세키는 이토 세이가 말하는 '죽음 또는 무에 의한 인식'의 입장에 몸을 두고 있었던 것이 확실하지만 거기에 머무르지 않고 '현실 세계' 속에서 타자와 융합하는 길을 추구했다. 물론 그의 세속계에 대한 반발이 여간 아니었기 때문에 세속계=세간의 규준에 맞춰 타자와 타협하는 것을 지향했던 것은 아니다. 그렇지는 않고, 지위나 직업의 카테고리 속에 갇히지 않는 개인과 개인의 관계를 추구했다. 기성의 카테고리에 의거한 관계를 사회아社會我의 관계라 부른다면, 소세키가 추구한 것은 사회아를 서로 나누는 벽을 넘어선 교류로 초개체아超個體我 간의 관계라 부를 만한 것이다. 초개체아 간의 관계는 초속계 혹은 '원향 세계'에서 실현될 것으로 예상되는 것인데 '원향 세계'를 '삶의 근거'로 삼는 소세키는 그런 초개체아 간의 관계를 '현실 세계'에 끌어들이려 했다. 이것이 종교인으로서는 아니지만 초속계에서 '삶의 근거'를 찾은 소세키의 '환생' 행위이다. 《고진》의 이치로一郎는 아내인 오나오お直에 대해 '있는 그대로의 참된' 마음과 마음의 절대적 융합을 추구한다. 하지만 이치로와 부부가 된 오나오는 이치로를 중심으로 하는 친족 공동체의 구성원의 입장에서 벗어나지 못하고 이치로를 단 한 사람의 인간으로 파악할 수 없다. "일상적 존재로서의 부부 사이에는 사랑이 없다." "이치로가 말하는 '있는 그대로의 참된' 마음으로 이치로를 대할 수 없다"(佐藤, 앞의 책, 41쪽). 하지만 이치로도 또한 친족 공동체의 일원이며, 게다가 가장이다. 그럼에도 불구하고 그는 부부라는 제도의 벽을 깨뜨리고, 즉 사회아를 넘어 초개체아 간의 '절대적 융합'을 추구하려 한다. 상식적인 동

생인 지로二郞에게 "거의 열여덟, 열아홉 살 먹은 어린아이"라는 평가를 듣는 것은 이 때문이다(앞의 책, 40쪽). 이치로는 '원향 세계'를 '현실 세계'에 끌어들이려 하는 것이다.

타자와의 융합은 소세키의 경우 거의 성공하지 못한다. 하지만 그는 이것을 계속 추구했다. 그 때문에 그의 작품에서는 자신이 그 속에 들어갈 수 없는 타자의 상像이 반복해서 나온다. 이런 점에서 소세키는 제 1그룹의 작가, 예를 들어 시가 나오야와 다르다. 그는《안야코로暗夜行路》의 도키토 겐사쿠時任謙作에게 다음과 같이 말하게 한다. "무엇이든지 처음부터 호오好惡의 감정으로 다가오"며, "호오가 곧바로 이쪽에서는 선악善惡의 판단이 된다. 사실 대체로 들어맞는다." 호오의 기준이 정치 문제나 사회 문제에 적용되면 두말할 나위 없이 위험해지지만(이토 세이, 앞의 책, 197쪽), 그것과는 별도로 대인 관계를 이런 식으로 처리할 수 있는 것이 자못 시가 나오야답다. 소세키도 역시 호오의 감정이 강한 사람이었지만 이런 식으로 타자의 문제를 처리해 버릴 수는 없었다. 타자의 문제는 곧 타자와의 융합의 문제이다. 적어도《산시로三四郞》이후의 소세키의 작품은 모두 이 문제의 해결이 얼마나 어려운가를 둘러싸고 쓰인 것이라 해도 무방하다.

소세키를 세속외 개인에서 세속내 개인으로 이행하는 제 2그룹 속에 넣을 수 있는 것은 그가 소설이나 강연에서 종종 동시대의 일본을 문명론적으로 자리매김했기 때문만은 아니다. 그것은 주로 그가 세속외 개인의 입장을 유지하면서 '현실 세계'에서 타자와 공존하는 길을 탐구했기 때문이다. 여기에서 소세키가 개인주의의 문제로 고민한 이유가 발견된다.

가큐슈인學習院에서 행해진 〈나의 개인주의私の個人主義〉라는 제목의 강연(1914)에서 소세키는 자신의 개성을 발전시키려 한다면 타인의 개성도 존중하지 않으면 안 된다는, 도덕 교과서에 쓰여 있는 말을 하고 있다. 시민 사회의 질서를 유지하기 위해서는 이런 개인주의적인 마음가짐이 필요하다는 것은 두말할 나위도 없고 소세키는 그 질서를 파괴하려는 생각 따위는 한 번도 한 적이 없는 사람이므로, 그가 학생들에게 마음에도 없는 교훈을 늘어놓았던 것은 아니다.

그러나 그는 소설 속에서 자신이나 타자의 인격을 존중하는 것이 얼마나 어려운 일인지에 대해 종종 말해 왔다. 이 강연에서도, 그는 개인주의자는 누구에게도 의거하지 않고 자기 혼자 자신의 거취를 정하기 때문에 "외로운 마음이 든다"고 말하고 있다. 하지만 소설 속의 주요한 인물, 예를 들어 《코코로こゝろ》(마음)의 '선생'의 고독은 단순히 자기 의거自己依據에 수반되는 '외로움'과 같은 정도의 것이 아니다. 그것은 의거해야 하는 그 자신이 아무런 의지가 되지 않고 자기를 넘어선 거대한 힘='자연'에 의해 움직여지고 있는 것을 알고 있는 사람의 고독이다. 종종 지적되어 왔듯이 개인주의자가 빠지는 패러독스는 자신이 개성적 혹은 자율적이라는 점을 확신하기 위해서는, 타자가 그것을 인지해 줄 필요가 있다는 것이다. 개성적 혹은 자율적인 사람이 되려면 타자에 의존

하지 않을 수 없다. 그것은 하나의 패러독스이다. 그러나 좀 더 근본적인 패러독스가 있다. 개인주의자는 정의定義에 의해 세속외의 초월적 존재(예를 들어 '자연')와 교류함으로써 비로소 개인주의자가 될 수 있지만, 그 교류가 그가 초월적인 존재에 휘말려 든다는 의미에서 오히려 자율성의 포기로 이어진다. 확실히 초월적인 존재는 '현실 세계' 속의 타자가 아니기 때문에 그는 타율적이라고 할 수 없다. 그러나 완전히 자율적이지도 않다. 이것이 개인주의자가 빠지는 근원적인 패러독스이다. 개인주의자의 자율성은 그가 '현실 세계'에 몸을 두고 홀리즘의 질서에 대항할 때의 입장이다. 그런 입장을 취함으로써 비로소 그는 홀리즘에 휘말려 들지 않고 타자에 대해 능동적으로 작용할 수 있다. 하지만 초속계와의 관계에서는 그는 결코 자율적인 존재가 아니다. 개인주의자는 이런 패러독스 속에 살아갈 수밖에 없다. 그렇지 않으면 그는 개인주의자가 아니다.

우리는 초속계와 세속계 사이를 왕복한다는 점에서 소세키 안에서 정의한 그대로의 개인주의자를 발견할 수 있다. 즉 그는 제 2 그룹에 속해 있다. 물론 우리는 소세키의 문학적 영위를 이와 같이 자리매김한 것이지 그가 생활인으로서 가마쿠라 신불교의 불교도와 같은 실천을 했다고 주장하는 것은 아니다. 그런 불교도와 사상적으로 서로 비슷한 위치에 있다고 말하는 것뿐이다. 그것은 마치 사소설 작가가 전란기의 무사와 아주 유사하다고 말하는 것과 같다.

이상에서 우리는 개인 혹은 '개인'의 세 그룹을 서로 구별했다. 제1그룹과 제2그룹은 초속계 속에 살아가는 근거를 두고 있다는 의미에서 개인의 그룹이다. 그러나 제1그룹은 세속계와의 관계를 방기하기 때문에 전형적인 개인이라고 할 수 없다. 한편 제3그룹의 사람들은 반속계에 몸을 두고 세속계와 관계를 맺고 있지만 초속계가 시야에 들어오지 않는다는 의미에서 괄호가 붙은 '개인'에 머무른다. 개인의 이런 정의가 지나치게 협소하다고 비판받을지도 모르겠다. 하지만 초월적 존재와의 관계에서 오는 인격의 존엄과 시민 사회의 멤버십membership(후기 스토아 학파와 프로테스탄티즘에 의해 두 번에 걸쳐 형성되었다)이라는 두 가지 성분의 양립이 역사적 기원으로 본 개인의 성립 요건인 이상, 이 정의를 그대로 두고 거기에서 일정한 거리의 범위 내에 있는 것을 개인의 변형(그 속에는 '개인'도 포함된다)으로 다루는 것이 적절하다고 우리는 생각한다.

개인주의와 사회 구조

그러면 어째서 일본에서는 개인이 성숙하지 못하고, 또 개인주의가 계속 발달하지 못했을까. 확실히 베르크가 말하고 있듯이 "일본의 사회사를 보면 강렬한 개성, 독창적인 창작자 등이 부족하지 않다"(시노다 카츠요시篠田勝美 역, 《風土の日本—自然と文化の通態

──》, 筑摩書房, 1988, 297~298쪽). 우리도 또한 주체성이 강한 반속 적인 영웅·호걸이나 초속적인 뛰어난 시인 등의 존재를 확인했 다. 하지만 그것은 일본 사회가 개인주의 사회라는 것을 의미하지 않는다. 그렇다면 어째서 서구 사회는 개인주의적이고 일본 사회 는 그렇지 않을까.

우리는 앞에서 개인이 발생한 지중해 문화권에 상당하는 것이 일본에는 없었다는 점을 지적해 두었다. 그러나 그것은 발생기와 만 관련된 이쪽과 저쪽의 차이이며 이후 오늘에 이르기까지의 역 사의 차이를 설명할 수 있는 것은 아니다. 어째서 그 차이가 존속 해 왔을까. 이 물음에 충분히 답하는 것은 우리의 능력을 넘어서 는 것이고 또 이 책에 적합하지도 않다. 하지만 이 책의 논의를 일 관되게 이끌어 온 이 물음에 대해 침묵한 채 끝내는 것은 무책임 하므로 지나치게 대담하다는 것을 알면서도 다음과 같은 가설을 제시하는 것으로 마무리를 짓고 싶다.

서구 사회와 일본 사회(혹은 넓게 동아시아의 여러 사회)의 차이 가 운데 하나는 개인이 구성 단위인 소사이어티 혹은 자발적 결사를 만드는 힘이 전자에서는 강하고 후자에서는 약하다는 데 있다. 이 점은 일반적으로 인정되어 왔다. 그리고 그 차이를 종종 기독교의 능동성과 불교의 수동성에 귀착시켜 왔다. 그러나 종교의 차이가 사회의 차이를 가져온다는 설명 방향과는 반대로 사회의 차이가 받아들이는 종교를 다르게 만든다는 설명의 방향도 생각해 볼 수 있다. 우리는 종교에 의거해 사회를 설명하는 사고 방식을 무시하는 것은 아니지만, 그것이 사회에 의거해 종교를 설명하는 역逆의 사고 방식에 의해 보완되지 않으면 안 된다는 입장을 취한다.

다음에서 제시하는 가설은 중국 태생의 미국 문화인류학자 슈 Francis L. Hsu(1901~1999)의 이론에 근거하고 있다. 그것은 각각의 사회에 있어서 가족의 구조가 그보다 큰 2차적 집단의 모델이 된다는 이론이다(사쿠다 케이이치作田啓一·하마구치 에슌濱口惠俊 역,《比較文明社會論—クラン·カスト·クラブ·家元—》, 培風館, 1971). 가족에는 친자 관계와 부부 관계라는 두 가지 주요한 요소가 있다. 그중에서 어느 쪽이 우성인가에 따라 가족은 두 가지의 유형으로 나뉜다. 우성이란 그 요소가 독립 변수가 되어 다른 요소를 종속시킨다는 의미이다. 예를 들어 친자 관계가 우성인 경우에는 그 존속이 지상 명제가 되기 때문에 부부 사이가 나빠도 이혼이 억제된다.

친자 관계(특히 아버지와 아들의 관계)가 우성인 사회에서는 그 가족이 모델이 되어 2차적 집단(예를 들어 친족, 회사 등)의 구조가 형성된다. 일본 사회에서는 이런 경향이 특히 강해 다양한 집단에서 부자 관계가 의제擬製 형태를 통해 재현된다. 2차적 집단인 회사에 있어서의 상사와 부하의 관계, 3차적 집단(슈는 이런 용어를 쓰지 않았지만)인 국가에 있어서의 천황과 신민의 관계가 부자 관계를 모방해 왔다. 그리하여 가족과 그 상위에 있는 집단이 구조상의 유사성에 의해 연결되기 때문에 가족에서 시작되는 여러 집단이 연속적으로 확대되는 것으로서 표상된다. 따라서 사람은 성장함에 따라 연속적으로, 즉 단절의 틈을 날카롭게 의식하는 일 없이 보다 상위의 집단으로 이행해 간다.

이에 반해 서구와 같은 부부 관계가 우성인 사회에서는 그 가족의 구조가 2차적 집단의 직접적인 모델이 되는 일이 없다. 부부 관계가 우성인 경우에는 가족의 구성원은 엄밀히 말하면 부부뿐이다. 그들에게서 태어난 자식들은 부부 관계가 성립하는 계약(또는 서약) 때에는 아직 존재하지 않았기 때문이다. 자식들은 기존의 가족에서 나중에 권리상으로가 아니라 사실상 편입되는 데 지나지 않는다. 부부 관계가 우성인 가족 안에서는 자식들은 말하자면 처음부터 이방인이며, 그들이 성장해 부모의 가족으로부터 독립하기 전에도 그들과 부모 사이에는 비연속성이 존재하고 있다. 이것은 친자 관계가 우성인 가족에서 자식들이 부모와 태어나면서부터 연속되어 있는 것과는 크게 다르다. 부부 관계가 우성인 가족에서 있어서의 아이들의 부모와 비연속성은 자식들이 성인이 되어 부모의 가족에서 나올 때 결정적이 된다. 자식들은 부모를 떠나 2차적 집단 속으로 들어가는데 그 집단의 멤버들도 마찬가지로 부모의 가족에서 떨어져 나온 사람들이다. 그들은 목적이나 이념을 같이하는 동료들이고 그것이 소사이어티의 원형이 되었다. 동료인 사람들은 게르만을 포함한 서구 세계에서 옛날에는 형제 brothers로 불리고 있었다. 형제의 원래 의미는 혈연이 아니라 공통의 목적이나 이념에 의해 맺어진 사람들이다. 이렇게 형성된 집단은 친자 관계가 우성인 가족을 본뜬 집단과 그 성립 사정이 근본적으로 다르다.

이렇게 생각하면 서구 세계에서 가족도 또한 소사이어티로 여겨진 이유를 이해할 수 있다. 각기 다른 가족에서 나온 남녀가 계약을 맺고 가족을 만들기 때문이다. 그 속에서 태어난 자식들은 이 계약에 참여하고 있지 않기 때문에 가족의 완전한 일원이 아니다. 그리하여 다시 부모의 가족에서 떨어져 나온 아이들이 소사이어티를 형성하거나 혹은 기존의 그것에 참여해 간다.

이런 소사이어티는 자식들이 새로 만드는 가족 그 자체는 별도로 하고 부부 관계가 우성인 가족을 모델로 하고 있다고는 할 수 없다. 그러나 각기 다른 가족에서 떨어져 나온 자식들로 구성된 집단이라는 의미에서 소사이어티는 부부 관계가 우성인 가족이 투영된 것이다. 그리고 모델 개념을 억지로 확장시킨다면 모든 소사이어티는 그 가운데 하나인 가족, 즉 각각의 가족에서 떨어져 떠나온 자식들이 만드는 가족을 모델로 하고 있다고 강변하지 못할 것도 없다.

이상에서 말한 것은 소사이어티 혹은 자발적 결사를 만드는 능력은 부부 관계가 우성인 가족과 거기서 태어난 자식들 간의 비연속성에서 유래한다는 가설이다. 이와 반대로 친자 관계가 우성인 가족 안에서 태어난 자식들의 경우에는 부모의 가족과의 연속성 때문에 그 능력이 약하다. 그들이 참여하거나 형성하는 집단은 대체로 부자 관계를 모델로 하는 의제 친족적 구성을 지니며 평등한 인간끼리의 합의에 의해 성립하는 타입의 집단이 아니다.

이런 가설에 의거하면 어째서 서구에서는 개인주의 사회가 형성되고 일본에서는 형성되지 않았는지 설명할 수 있다. 자신이 태어난 가족과 비연속적인 개체가 초월적 존재와의 관계에서는 평등한 타자, 그리고 태어난 가족과는 역시 비연속적인 타자와 목적과 이념을 같이하는 계약을 맺고 집단을 만들고 그것을 통해 세속계에서 활동할 때 사람은 세속내 개인이 된다.

　그렇다면 친자 관계 우성과 부부 관계 우성이라는 가족의 두 유형은 어떠한 요인에 의해 분화되어 왔을까. 슈는 전자는 농경, 후자는 목축이라는 두 가지 생산 양식에 각각 대응하고 있다고 말한다. 생산의 대상으로서의 식물과 동물을 비교하면 식물보다 동물쪽이 암컷과 수컷의 차이가 더 뚜렷한데, 이것이 그 차이가 두드러지지 않는 친자 관계 우성형과 그리고 그것이 두드러지는 부부 관계 우성형의 분화를 초래했다는 것이다. 이러한 슈의 견해에 대해서는 이론異論이 속출할 것이다. 서구 문화의 기원 가운데 하나인 헤브라이 문화가 목축을 기반으로 하고 있다는 것은 확실하지만, 또 하나의 기원인 그리스·라틴 문화는 대체로 농경을 기반으로 하고 있다. 또한 헤브라이나 고대 로마의 가부장제 가족의 강력한 가장권家長權은 역사적으로 유명한 사실이다. 그 때문에 서구 문화의 원류가 된 가족이 부부 관계 우성형이었다는 것을 논증하기는 극히 어렵다. 그러나 고대 로마의 가부장제 가족에서는 아내의 지위가 상대적으로 높았다. 식탁에서 차지하는 좌석도 남편 다음으로 자식들보다 상위에 있었다. 그것은 아내가 자식들보다 낮은 지위에 있었던 중국이나 일본과의 차이를 나타내고 있다. 그렇

한 단어
사전

기는 하지만 이런 논점을 몇 가지 늘어놓아 보더라도 예로부터 서구의 가족은 부부 관계 우성형이고 동아시아의 가족은 친자 관계 우선형이었다는 명제를 성립시키는 데까지는 도저히 이르지 못한다. 기껏해야 같은 가부장제 가족이더라도, 서구의 경우에는 상대적으로 부부 관계가 강하고, 그 때문에 자식들이 부모로부터 독립하려는 충동이 어린 시절부터 배양된다는 가설에 다다를 수 있는 정도이다.

　그러나 우리로서는 이 후퇴한 가설에 일단 만족하기로 하자. 달리 유력한 가설이 없기 때문이다. 동아시아에서는 예로부터(정확한 날짜는 알 수 없지만) 오늘에 이르기까지 친자 관계(특히 아버지와 아들의 관계)가 우성인 가족이 지속되어 왔다. 서구에서는 가족 안에서 부부 관계가 점차 우성이 되어 오늘에 이르렀다. 이 차이가 서구에서 개인주의 사회의 성립을 가져오고, 일본에서는 개인주의화가 점차 진행되면서도 오늘날까지도 여전히 홀리즘이 기본인 사회가 존속하고 있는 것을 설명해 준다.

개인個人

개인·몰개인沒個人·초개인超個人

분해할 수 없는 단위로서의 개체

토크빌Alexis de. Tocqueville (1805~1859)에 의하면 프랑스 혁명 이전에는 사회를 구성하고 있는 것은 개인이 아니라 무수한 소집단이고 사람은 어떤 집단에 강하게 결부되어 있었다. 따라서 자신을 절대적으로 혼자라고 간주하는 개인은 당시에는 존재하지 않았다(作田啓一, 《個人主義の運命》, 岩波新書, 1981, 76쪽). 집단을 분해하는 근대화의 힘이 마침내 가장 작은 집단인 가족에까지 미쳐 더 이상 분해할 수 없는individu 단위를 석출析出해 내기에 이르렀다. 그것이 개인' individu이다. 우리는 〈세간과 세상 사람〉의 장에서 이 단위를 개체로 부르자고 제안했다. 사상사적으로는 반홀리즘이라는 개인의 소극적인 규정은 〈서구 개인주의의 기원과 전개〉의 장에서 말했듯이 대략 기독교의 성립 전후부터 시작되지만, 개체는 그 이상으로 분해할 수 없는 단위라는 적극적인 규정의 등장은 근대로의 접근을 기다려야 했다. 데카르트René Descartes(1596~1650)의 유명한 "나는 생각한다, 고로 존재한다"는 말은 개체에서 더 거슬러

올라가 생각하는 주체로까지 분해되어 버린 궁극의 단위를 표현한 것이다.

생각하는 주체는 신체와 구별되는 정신[자아]인데, 근대인에게 개인' individu은 보통 정신과 신체를 합친 것으로 이것을 트랜스퍼스널transpersonal[69] 심리학자인 윌버Ken Wilber는 켄타우로스 Kentauros=전 유기체全有機體라고 일컫고 있다. 켄타우로스란 말[동물인 하반신]과 기사[사람인 상반신]가 일체인 존재인데 데카르트는 이 전 유기체를 한층 더 분해해 정신[자아]을 주체, 신체를 객체로 삼았던 것이다. 데카르트 이후 정신분석이 분해가 불가능한 것으로 보이던 정신을 더 나아가 바람직한 자아=페르소나Persona와 바람직하지 않은 자아(따라서 의식에 오르지 않는 자기)=그림자로 이분했다. 이처럼 개체=전 유기체가 두 번에 걸쳐 보다 하위의 단위로 분할되어 갔다. 한편 개체는 환경과 대립하는데, 이 양자는 모든 대립에 앞선 통일 의식=궁극의 전체가 분할된 두 개의 항項이다(요시후쿠 신이치吉福伸一 역, 《無境界》, 平河出版社, 1986, 25쪽. 용어를 약간 바꾸었다). 이상의 분할 도식에 비추어 보면 사회 집단은 환경의 일부이기 때문에 개인 대 집단의 대립은 이 레벨에 속한다고 할 수 있다.

그런데 개체=전 유기체를, 더 이상 분해될 수 없는 단위로 보는 인지認知 양식이 근대 시민 사회에서 일반화된 것은 그것이 이 사회의 구조에 친화적親和的이고 이 구조의 존속에 필요하다고 여겨지고 있기 때문이다. 물론 피부로 둘러싸인 채 외계에 대해 자기 동일성을 유지하면서 반응[호메오스타시스Homeostasis[70]적 반응]하는 유기체는 어떤 시대, 어느 사회에서도 하나의 단위로 인정받지 못한 적이 없다. 하지만 켄타로우스=전 유기체는 유기체 이상의 것이다. 즉 전 유기체의 마음이라는 측면은 유기체의 틀에 갇히는 일은 없다. 그것은 유기체를 넘어 확장된다. 혹은 반대로 보다 전체적인 마음이 개체로서의 유기체를 관통하며 움직이고 있다고 해도 무방하다. 정신적 존재로서의 개인은 전 유기체로서의 개체를 기반으로 하고 있으므로 개체의 경계가 확정되어 있지 않은 것과 마찬가지로 개인의 경계도 확정되어 있지 않다. 그 경계가 모든 경우에 확정되어 있는 것처럼 인간을 다루는 것이 근대인 특유의 태도인 것이다.

개체를 부정하는 사상

20세기에 가까워질 무렵부터 오늘에 이르기까지 자율적·이성적 존재로서의 개인의 관념은 다양한 사상의 충격을 받아 흔들리고 있다. 그 최초의 충격은 프로이트의 에스Es[이드id] 개념으로부터 왔다. 성충동性衝動[리비도]이 대표하는 에스는 개인의 이성에 의한 자기 통제(자율)의 힘을 상회하고 역으로 이성을 도구로 사용하며 충동의 표현이 사회의 검열에 걸리지 않도록 궁리한다. 이성의 이런 도구적 사용이 합리화이다. 프로이트가 계몽주의의 계보에 속한다고 보는 해석도 있지만, 그럼에도 불구하고 자율적·이성적인 인간상은 프로이트 이후 아무 손상 없이 그대로 유지될 수 없었다. 인간은 인간을 넘어선 충동이라는 큰 힘에 저항하기 어려운 존재로 보는 페시미즘pessimism(비관주의)으로부터 우리는 완전히 도망칠 수는 없다.

　오늘날의 이른바 현대 사상에 대해 프로이트와 어깨를 나란히 할 정도의, 혹은 그 이상의 영향을 미치고 있는 사람은 니체 Friedrich Nietzsche(1844~1900)이다. 클로소프스키Pierre Klossowski[71]에 의하면, 신체는 자아의 소유물이 아니다. 그와 반대로 신체는 여러 충동의 전체가 만나는 장소이며, 이 충동은 한 인간이 살아 있는 동안은 개인화되어 있지만 오로지 비개인화되기만 갈망하고 있다. 충동이란 밀려왔다가 되돌아가는 파도와 같은 것으로 그것에 의해 신체나 자아의 기분이나 사고思考가 동요되어 간다. 니체는 충동과 전 유기체 사이에 서로 잘 맞지 않는 것이 있음을 발견하지만, 그가 마음의 통일성의 탐구를 방기했던 것은 아니다. 그 통일성은 두 가지 방향에서 생각되고 있다. 하나는 끊임없이 흔들리는 것을 언어를 통해 전 유기체 속에서 다시 구성하는 방향이고 다른 하나는 여러 충동의 거처인 무한한 확산에 대응하는 의식을 찾아내는 방향이다(가네코 마사키兼子正勝 역, 《ニーチェと惡循環》, 哲學書房, 1989, 68·72·76쪽). 여기서 클로소프스키와 동세대인인 라캉 Jacques M. E. Lacan(1901~1981)을 예로 들어 들어도 어색하지 않을 것이다. 개체 이전에 존재하며 그를 움직이는 대문자의 타자(혹은

'그것')의 욕망이 개체에게 충동처럼 느껴지기 때문이다.

　이처럼 초개체적인 욕구나 충동이 개체를 관통하며 움직인다면, 분명한 윤곽을 갖고 지속적인 통일성을 유지하는 개체라는 관념이 근저에서부터 흔들리게 된다. 하지만 위의 개체를 위협하는 사상에는 또 하나의 타입이 있다. 그것은 구조로 불리는 사상이다. 욕구·충동이 내부에서 개체를 움직이는 데 반해, 구조는 외부에서 개체를 움직인다. 마르크스Karl H. Marx(1818~1883)가 말하는 생산 관계나 교통 형태는 개체의 의식을 넘어서 개체의 행동을 규정하는 외재적인 힘이며, 구조의 사상으로서는 오늘날의 우리에게 강한 영향을 미친 최초의 것이다. 뒤르켐Émile Durkheim(1858~1917)의 사회 형태[인구 밀도·교통]와 집합 표상集合表象 개념도 또한 구조의 사상 계보에 속한다. 그는 각각의 사회 형태에는 각기 고유의 세계 인식의 시좌점이 수반되는 것을 지적했는데, 이 관점은 모스 Marcel Mauss(1872~1950)를 거쳐 레비 스트로스Claude Lévi - Strauss 에 의해 부분적으로 계승되었다. 한편 레비스토로스는 하나의 언어 공동체의 구성원이 무의식 중에 사용하고 있는 자연 언어自然言 語라 하더라도 엄밀한 규칙을 가지며, 따라서 합리적으로 이해될 수 있다고 보는 구조주의 언어학의 영향을 받았다. 이런 언어의 구조를 관점에 설정함으로써 공동체 구성원들 간의 다양한 상호 작용이 결코 우연적인 것이 아니라 엄밀한 기호 시스템에 의해 표기될 수 있는 것이라는 사실이 밝혀지게 되었다. 즉 개인의 사고思考나 행동이 그것을 넘어서는 구조에 의해 규정되고 있는 것이다.

요컨대 개인은 그 이전부터 존재하고 있는 구조 연관構造聯關 속에 놓여 있고 그것에 의해 구속받고 있으므로, 통일성을 지닌 인간 주체라는 것은 단지 그렇게 보이는 데 지나지 않는다. 사회학이나 문화인류학에서는 주지의 사실인 이 퍼스펙티브perspective를 이용해서, 푸코Michel Foucault(1926~1984)는 인간이라는 관념이 18세기 말부터 19세기에 이르는 기간에 탄생했다고 보고 있다. 그에 의하면, 인간은 하나의 발명품이다.

　욕구·충동은 개체의 내부에 있고 구조는 개체의 외부에 있다는 차이 외에, 욕구·충동은 인류에 보편적인 데 반해 구조는 시대나 사회마다 다르다는 또 하나의 차이가 있다. 이 차이를 염두에 둘 필요는 있지만, 그것은 어떻든 간에 이와 같이 초개체적인 것을 조명한 두 가지 사상의 흐름은 인간 혹은 개인의 동일성에 대한 우리의 신념을 계속 위협하고 있다는 점에서는 일치하고 있다. 이러한 사상의 흐름이 19세기부터 오늘날에 이르기까지의 사회의 변동 과정과 서로 관련 있다는 것은 의심의 여지가 없다. 하지만 여기서 그 변동 과정을 더듬어 보는 것은 지면 관계상 불가능하므로 위에서 말한 사상의 흐름에 가장 깊이 연관되어 있다고 생각되는 과정을 하나만 지적해 두기로 하자. 그것은 관리 사회화의 진행이다. 관리 주체란 것은 주로 국가이지만 그것과 연동해서 기업이나 그밖의 2차적 집단도 관리의 주체가 되어 개인에 대해 공식적인formal 또는 비공식적인informal 통제를 계속 강화하고 있다. 그 때문에 개인은 형식적으로는, 혹은 소비와 같은 제한된 영역에서는 자유를 부여받고 있지만 관리되는 존재로서의 무력감을 심화시켜 간다. 이상의 소프트soft한 관리의 진행과 별도로, 몇 차례의 전쟁이나 강제 수용 시스템이 개인에 대해 하드hard한 관리를 부과하고 그것을 저지할 수 없었다는 것을 포함해 권력에 의해 조종될 수밖에 없는 개인의 무력감이 조장되었다는 점도 덧붙여 두지 않으면 안 될 것이다.

초개인과 개인의 양립

위에서 말했듯이 사상사와 사회사의 흐름은 18~19세기적인 개체의 동일성을 위협하는 방향으로 나아가고 있지만, 그것이 시민적 윤리로서의 개인주의의 부정否定을 정당화하는 근거가 되지는 못한다. 지금까지 반복해서 주장해 왔듯이, 원래 세속외 개인은 초월적 존재와의 교류에서 성립하며 그 교류 속에서는 개체로서의 윤곽이 상실된다. 이 세속외 개인이 세속 안으로 이행했을 때 홀리즘 질서에 대항하기 위해 자율성을 몸에 익히게 된다. 그리하여 개인의 동일성이 형성되는 것이다. 따라서 개인 발생의 기원부터 사상의 레벨에서는 개체는 윤곽을 지니지 않는 존재였다.

근대에 접어들어 홀리즘에서 이탈한 세속내 개인이 등장해 '인간의 발명'이 이루어졌다. 그 시점에서 세속외 개인이 배경으로 물러나 버렸기 때문에 인간의 통일성을 인정하지 않는 사상이 충격적인shocking 효과를 가져왔다. 그러나 세속 밖에서의 인간은 원래 통일성 따위는 갖고 있지 않다. 그는 '자연'과 신에 녹아들거나, 그 존재들에 의해 관통되고 있다. 다만 그리스의 현자나 원시 기독교도나 가마쿠라 신불교 교도의 사상과 '현대 사상' 사이에는 하나의 차이점이 있다. 예전에는 '자연'은 '살아 있는 자연'이었다. 19세기 후반 이후에 발견된, 구조라 불리고 있는 '자연'은 어느 쪽인가 하면 '죽은 자연'이다. 그것은 예를 들어 물질이라 명명되는 그런 '자연'이며, 그 속에서 인간은 완전히 해체된 뒤 가루가 되어 널리 흩어져 버린다. 그것은 인간을 해체시킨 뒤에, 그 여러 부분을 궁극의 전체 속에서 유기적으로 재구성하는 '살아 있는 자연'이 아니다. '살아 있는 자연'은 예컨대 인간의 얼굴을 데포르메 déformer[72]하고 그것을 통해 인간 속의 생명을 보다 깊게 표현하는 큐비즘Cubism[73]의 한 수법에 나타나 있다. 이에 반해 '죽은 자연'에서는 인간은 무無 속에서 해체되어 갈 뿐이다. 오늘날 인간 해체 사상의 근거가 되고 있는 것은 주로 '죽은 자연'이지만, 특정한 사상가를 선택해 그가 의지하는 것이 두 가지 '자연' 가운데 어느 쪽인지 결정하려고 하면 쉽게 답할 수 없다. 예를 들어 프로이트의 경우 어느 '자연'이 우세한가에는 해석자에 따라 달라질 것이다.

개체의 통일성에 입각하는 개인주의에 대한 회의가 서구에서 확산된 데 대응해, 일본에서는 1960년대 후반 이후의 경제의 현저한 성장을 계기로 일본을 다시 보자는 주장이 대두했다. 그런 논조의 하나로, 자기 중심적인 서구 문화는 영국병이나 프랑스병을

초래했지만, 오모이야리思いやり[74]와 삿시察し[75]의 일본 문화는 번영과 안정을 가져왔기 때문에 일본인은 서구의 개인주의를 이제는 모방할 필요가 없다는 주장이 있다. 이것은 집단이나 그 우두머리에 대한 구성원들의 헌신이 아니라 구성원 상호 간의 아이다가라間柄(관계)의 존중이, 일본인의 중요한 특성이라고 주장하기 때문에 그 논자는 자신의 입장을 집단주의가 아니라 아이다가라주의 혹은 관계주의라고 규정한다. 우리에게는 아이다가라주의는 집단주의(홀리즘)의 한 측면에 지나지 않는다고 생각되지만, 그 점에 대해서는 여기서 논의할 필요는 없다. 문제는 이 아이다가라라는 개념이다. 그것은 물론 여러 개인 간의 단순한 결합이 아니라 여러 개인을 넘어서 그들을 규제하고 또 그들이 분유分有하는 장場과 같은 것으로 생각되고 있다. 하지만 아이다가라는 우리가 정의한 세속외 개인과 초월적 존재의 관계가 아니다. 그 때문에 아이다가라에 속해 있는 것은 세속외 개인=초개인이 아니라 몰개인沒個人이라 부를 수 있는 그런 것이다. 초개인과 몰개인의 차이는 아무리 강조해도 지나치지 않다.

그 차이는 앞 장에서 말한 초속과 반속의 차이와 매우 유사하다. 반속은 세속 안의 반속이며 홀리즘을 넘어선 초속이 아니다. 그것에 병행하는 것이 초개인과 몰개인의 관계이다. 초개인은 홀리즘을 넘어서지만 몰개인은 홀리즘 속에 있다. 초개인과 몰개인의 차이를 무시하면 오모이야리와 삿시가 집단의 동료들 사이에만 머무르는 경우와 그것을 넘어서 퍼져 나가는 경우를 구별할 수 없게 되어 버린다. 이런 구별이 중요하다고 주장하고 싶다.

마지막으로 다시 한 번 세속외 개인=초개인과 세속내 개인=개인의 관계에 대해 언급하고 끝맺기로 하겠다. 초개인은 개체로서의 동일성이나 윤곽을 잃어버린다. 그는 초월적 존재 안에서 자신을 상실한다. 사상의 레벨에서 이 점을 강조하면 그 논자는 시민사회 안에서의 개인의 통일성이나 그의 인권을 무시하는 반시민주의자인 것처럼 오해받는 경향이 없지 않았다. 그런 식으로 오해하면 인간의 초개체성을 탐구하는 사람은 모두 시민의 적이 되어 버린다. 그런 류의 오해는 과장해서 말하면 파시즘과 통한다. 그것은 세속외의 세계와 세속내의 세계의 구별을 무시하는 데서 비롯된다. 세속외 개인으로서 자신의 동일성을 잃어버린 인간이 세속 안으로 이행했을 때, 그는 세속성(일본의 경우에는 홀리즘이 강하다)에 휘말려 들지 않기 때문에 이번에는 자신의 동일성을 유지하고 자율적이다. 그러나 하나자키 고헤이花崎皋平[76]가 말하듯이 "아이덴티티identity(동일성)는 일단 확립되면 계속 그것에 의지할 수 있는 고정적인 발판이 아니다." 그것은 "아이덴티티의 바닥에 있는 생명(일반적으로는 '자연')의 의사意思 내지 호소로 그때마다 되돌아가 끊임없이 다시 구축해 가지 않으면 안 되는 것"이다《個人/個人をこえるもの》, 岩波書店, 1996, 19쪽). 동일성의 상실과 동일성의 확립은 '왕생往生'과 '환생還生'이라고도 할 수 있는 왕복 운동을 되풀이한다. 이 점을 확인하며 논의를 마치고자 한다.

옮긴이의 글
—개념과 번역의 사상사: Individual과 '개인個人' 사이

이 책은 사쿠타 케이이치作田啓一의 《개인個人》(三省堂, 1996)을 우리말로 옮긴 것이다. 산세이도三省堂에서 기획한 《한 단어 사전一語の辭典》 시리즈 중의 한 권이기도 하다. 주요한 단어에 대해서 한 권의 책으로, 그것도 '사전辭典' 형식으로 구성된 시리즈(전체 20권)를 도쿄 서점에서 처음 발견했을 때 반가워했던 기억이 새롭다. 동시에 언제쯤이면 우리도 저런 식의 사전을 내놓을 수 있을까 하는 약간의 안타까움이 스쳐 지나갔다. 아울러 이미 축적된 성과를 번역·소개하는 것도 하나의 '방편'이 될 수 있지 않을까 하는 생각을 해보기도 했다.

시리즈의 간행사 〈한 단어 사전을 펴내며〉에서 말하고 있듯이 '단어'는, 조금 더 분명하게 말하자면 '용어'와 '개념'은 그 자신의 독자적인 역사를 가지고 있다. 시대와 더불어 새로운 단어[용어와 개념]가 생성되기도 하고 또한 사라져가기도 한다. 이미 존재하는 단어가 시대의 변화와 더불어 그 의미와 뉘앙스가 바뀌기도 한

다. 미묘한 '의미변용'이 일어나는 것이다. 그래서 단어[개념]는 시대의 산물임과 동시에 사회성을 갖는다. 그런 측면에 주목하는 것역시 사상사 내지 지성사 연구의 유효한 방법이 될 수 있을 것이라 생각한다. 어쩌면 하나의 방법을 넘어서 그 시대와 학문의 뿌리를 찾아가는 가장 빠른 지름길이 될 수 있을지도 모르겠다.

그런 맥락에서 우리는 '개념사Begriffsgeschichte' 연구와 접근법이 갖는 의미를 찾아볼 수 있겠다. 이미 잘 알려진 것처럼, 현재 우리가 사용하는 많은 학술 용어의 대부분은 19세기말 '번역'을 통해서 새롭게 등장한 '단어'로부터 출발하고 있다. Philosophy와 '철학', Science와 '과학', individual과 '개인'의 관계가 그렇다. 한자어에는 '개인個人'이라는 말 자체가 없었다. 그런 만큼 우리의 학문과 사회를 적확하게 포착하기 위해서는 개념과 번역의 문제를 비켜갈 수 없을 것이다. 그 번역 과정을 추적해보면, 그 같은 작업은 주로 근대 일본의 지식인들에 의해서 이루어졌다는 점도 어렵지 않게 발견할 수 있다.

근대 일본의 지식인들이 새롭게 만들어낸 단어(개념과 용어)를 받아들여 그대로 사용했다는 것이 그렇게 부끄러운 일은 아닐 것이다. 새로운 문명의 전파와 더불어, 새로운 단어[개념과 용어] 역시 전해질 수밖에 없었기 때문이다. 번역된 새로운 단어 역시 한자漢字로 표현되었기 때문에 쉽게 이해할 수 있었을 것이다. 그런데 정작 궁금해지는 것은 누가, 언제, 어떻게, 그리고 왜 그것을 받아들였는가 하는 점이다. 그 작업은 우리 학문의 뿌리를 찾아가는 작업이기도 하다. 그에 대한 본격적인 탐구는 이제 갓 시작되고 있다고 할 수 있겠다. 쉽지 않은 그런 작업의 의의와 필요성은 다음과 같은 발언에서 단적으로 읽어낼 수 있다.

> 한국 사회과학 개념사 연구는 이제 막 시작이다. 갈 길은 험난하다. …… 한국 사회과학 개념사 연구는 오랜 학문적 정진과 축적을 거친 후에 비로소 도전이 가능한 험산준령이다. 그러나 높고 험하다고 돌아설 수 없을 만큼 매력적인 것도 사실이다. 좀더 중요한 것은 **개념사 연구가 이 땅에 제대로 뿌리를 내리지 못한다면 한국의 사회과학은 영원히 사상누락의 위태로움을 벗어나기 어렵다.** 따라서 힘들다고 등산을 포기할 수는 없다."(하영선, 〈삼중 어려움의 좌절과 극복〉, 10쪽. 하영선 외, 《근대 한국의 사회과학 개념 형성사》, 창작과 비평사, 2009. 강조는 인용자.)

그와 같은 한국 사회과학의 개념사 연구의 필요성에 옮긴이 역시 충분히 공감할 수 있었으며, 또 그런 공동연구에 참여할 수 있는 기회를 얻기도 했다. 수많은 개념들 중에서 매력적으로 다가왔던 것은 '개인(Individual, Individuum, Individu)'이란 개념이었다. 왜 그랬을까. 역시 '자유'롭고 '평등'하며 '권리'를 가진 개인의 존재, 그리고 그런 개인들이 '계약Contract'을 통해서 '사회Society'를 만들어낸다는 근대 사회의 기원 설화로서의 '사회계약설Social Contract Theory' 등은 동아시아의 전통 사상, 특히 유교라는 관점에서 볼 때는 확실히 달랐기 때문이다. 달라도 너무 달랐다.

그렇다면 '개인'이란 개념을 통해서 전통 유교 사회, 나아가 아직도 그 전통에서 자유롭지 못한 한국 사회를 대상화하고 객관화시켜 바라볼 수 있겠다는 생각이 들었다. 비교의 준거 내지 비판의 지렛대로 쓰고자 했다고 할 수 있다. 이런 입장은, 실은 지금까지도 이어지고 있다. 〈방법으로서의 '개인'〉이라 해도 좋겠다.

　　옮긴이에게 특히 흥미로웠던 것은 Individual이란 단어가 '개인'으로 번역되어 가는 과정에 다름 아니었다. 낯선 개념의 번역이 단번에 일률적으로 이루어진 것은 아니었다. 대표적인 번역가로서 수많은 새로운 단어들을 만들어냈던 후쿠자와 유키치福澤諭吉만 하더라도, Individual의 번역어로 "人, 人各各, 一人の民, 人民, 獨一個人, 一個人" 등을 다양하게 시도하고 있다. 다른 번역자들에 의해서도 "人民箇箇, 人民一箇, 自己一箇, 一身ノ身持(잇신노미모찌)" 등의 낯선 번역어들이 나왔다. 그렇게 등장한 많은 번역어들의 자유 경쟁을 거치면서 마침내 '個人'으로 굳어지게 된 것이다.

　　그렇게 새롭게 등장한 번역어로서의 '個人'이란 단어와 거기에 담기게 된 낯선 의미는 19세기 말 조선에도 전해졌다. 그렇게 전파된 경로에 대한 옮긴이 나름대로의 탐색은 ① 〈19세기말 '개인' 개념의 수용에 대하여〉《국제문제연구》제 24호, 2002)로 발표되었으며, 이어 제목을 "근대 한국의 '개인' 개념 수용"으로 바꾸어《근대 한국의 사회과학 개념 형성사》(하영선 외, 창작과 비평사, 2009)에 수록되기도 했다. 이어 다루는 시기와 문제의식을《독립신문》시대를 다룬 일종의 속편으로 ② 〈근대적 '개인'의 탄생과 그 주변:

《독립신문》을 통해서 본 '주체'와 '작위'의 문제〉(2004년 12월 3일 한국정치학회·정치평론학회 연례학술대회 발표)라는 제목의 글을 발표했다. 첫 번째 논문이 '개인'이란 개념과 용어의 수용에 비중을 두었다면, 두 번째 논문에서는 '개인' 개념이 가지고 있는 사회적 의미, 다시 말해서 (계약을 염두에 두면서) '주체'와 '작위'의 문제에 주목해서 검토해 본 것이었다.

뒤이어 조선 말기와 식민지 시대에 '개인' 개념이 어떻게 정착되어 가는지 추적해가는 후속 작업을 하리라 마음먹었다. 하지만 다른 일들에 쫓겨서 그 작업은 뒤로 밀려났으며, 옮긴이에게 일종의 숙제 같은 것이 되어 있다. 그러던 2011년 1월의 어느 날, 한림과학원으로부터 이 책을 번역·출간하려고 하는데 맡아줄 수 있느냐는 내용의 전화를 받았다. 듣고 보니 이미 읽었을 뿐만 아니라 논문을 쓰면서 참조한 책이었다. 기꺼이 참여하고 싶다고 했다. 그 시리즈의 번역을 기획한 한림과학원의 혜안에 감탄해 마지 않았다. '동아시아 기본 개념의 상호소통 사업'의 일환으로 번역을 기획해주신 선생님들께 깊은 감사와 박수를 보내고 싶다. 그 같은 권유와 의뢰가 아니었다면, 아마도 스스로 번역하려는 마음을 내기는 어려웠을 것이다.

번역 작업을 통해서, '개인' 개념에 담겨 있는 문제의식을 다시 확인함과 동시에 저자 사쿠타 케이이치 교수에 대해서 조금 더 깊이 알게 되었다. 교토京都대학 문학부 철학과(사회학 전공)를 졸업하고 교토대학 교수를 지낸 그는, 2차 세계대전 이후의 일본인과 일

본사회를 분석·연구해 왔으며, 전쟁 책임의 논리, 문학사회학 등에도 관심을 가져왔다. 사회학자로서 수많은 책을 썼으며, 탈코트 파슨즈, 장 자크 루소, 에리히 프롬 등의 저작, 많은 사회학 고전들을 일본어로 번역하기도 했다. 지금은 교토대학 명예교수로 있으면서, '생성生成의 인간학人間學'을 추구하는 동인지《Becoming》(BC 出版)을 간행하며, 블로그 '激高老人のぶろぐ'(http://gekko.air-nifty.com/)를 운영하기도 했다.

탁월하고 성실한 사회학자로서의 그는 이 책에서 이미 잘 알려진 의문, 즉 왜 서구에서 개인주의 사회가 형성되고 일본에서는 형성되지 않았는가 하는 물음을 던지고 있다. 일본 사회와 서구 사회의 다름과 차이에 주목한 것이다. 그러면서도, 근대 이후 일본의 사상과 문학에 나타난 '개인'의 모습에 대해서 들려주고 있다. 그 과정에서 그는 독자적인 범주들, 예컨대 '세속외 개인世俗外個人', 세속계·반속계反俗界·초속계超俗界, 초속자超俗者와 반속자反俗者, 반속적 초속자, 개인·몰개인沒個人·초개인超個人 등을 개념을 구사하면서 개인의 위상과 의미를 보여 주고 있다. 이 같은 범주들의 타당성 여부는 일단 제쳐두더라도, 개체와 전체 혹은 사회의 다양한 관계를 적실하게 이해하는 데 적지 않은 도움이 될 것으로 여겨진다.

옮긴이에 이 책의 번역 작업은 '개인'이란 관점에서 자기 자신과 우리 사회를 다시금 되돌아보는 흥미로운 지적인 여행이기도 했다. 이 책이 단어로서의 '개인', 그리고 '개인'과 '사회'를 둘러싼 다양한 논의를 개념적으로 이해하는데 필요한 참고 문헌의 하나가 될 수 있었으면 좋겠다. 옮기는 과정에서 읽는 분들의 편의를 위해서 설명이 필요하다고 생각되는 일본인 인명과 특별한 항목 등에는 더러 주석을 덧붙이기도 했다. 조금이나마 도움이 되었으면 하는 바람이다. 끝으로 거친 번역 원고를 다듬어 아담한 책을 만들어주신 푸른역사 편집부에도 고마움을 전하고 싶다.

2013년 3월
'유리상자' 안 모퉁이 연구실에서
김석근

주석

[1] 원문은 世の人(요노히토). '세인' 혹은 '세상 사람'이라 할 수 있는데 여기서는 세상 사람 쪽을 택했다.

[2] 더 정확하게는 《獨逸國學士佛郎都氏 國家生理學》 제2편, 1884(明治 17年).

[3] 네덜란드 학자. 법률을 공부하고 변호사가 되었다. 라이덴대학 정치학 교수 (1850~1879)와 네덜란드 재정장관을 지냈다(1879~1881). 니시 아마네西周가 그의 저작을 번역하는 등《和蘭畢洒林氏萬國公法》 근대 일본 사상에 큰 영향을 미쳤다.

[4] 프랑스 법학자. 파리대학에서 법률학 등을 공부했고 그 대학에서 교수를 지냈다. 1873년 일본에 와서 1895년 귀국할 때까지 22년간 체류하며 근대 일본의 법학 교육에 공헌했으며, 나아가 일본의 법체계를 근대적으로 정비하는 데 기여했다.

[5] Augustin Berque. 프랑스 l'Ecole des Hautes Etudes en Sciences Sociales 교수. 도시와 사회공간 등이 전공 분야이다. 일본학자들과 공동연구를 진행해《都市の克服》을 펴내기도 했다.

[6] 1935~2006. 역사학자, 유럽 중세사 전공. 히토쓰바시一橋대학 사회학부에서 교수를 지냈다. 《'世間'とは何か》(1995)에서 일본 역사 속에서 '世間' 개념의 변천을 살펴보았으며, 《'世間' 論序說》(1999), 《學文と'世間'》(2001), 《世間學への招待》(2002) 등을 발표했다. 유럽 사회에서의 개인과 사회의 관계 연구에서 출

발해 일본 사회에서의 그것에 관심을 갖게 되었다.

7 Robert Morrison MacIver(1882~1970). 미국의 정치사회학자. 주요 저서로 《커뮤니티론》(1917), 《사회과학의 요소》(1921), 《근대 국가론》(1926), 《정부론》(1947) 등이 있다.

8 1926년생. 사회인류학자. 전공 분야는 인도, 티베트, 일본의 사회조직이다. 여성 최초의 도쿄대학 교수, 일본학술원 회원, 도쿄대학 명예 교수. 저서로는 《未開の顔·文明の顔》(中央公論社, 1959), 《タテ社會の人間關係 單一社會の理論》(講談社現代新書, 1967), 《家族の構造·社會人類學的分析》(東京大學出版会, 1970), 《家族を中心とした人間關係》(講談社學術文庫, 1977), 《タテ司會の力學》(講談社現代新書, 1978), 《社會人類學·アジア諸社會の考察》(東京大學出版会, 1987) 등이 있다.

9 이노우에 다다시井上忠司. 1939년생. 심리학자, 전공은 사회심리학·문화심리학·생활문화론. 교난甲南여자대학 교수. 주요 저서로 《〈世間体〉の構造—社会心理史への試み—》(日本放送出版協会·NHKブックス, 講談社 學術文庫), 《まなざしの人間觀係—視線の作法—》(講談社·講談社 現代新書) 등이 있다.

10 10년경~65년경. 3회에 걸쳐 대전도 여행을 하며 '이방인의 사도'로서의 사명을 다했다. 기독교 최대의 전도자이자 최대의 신학자였다. 기독교의 형성에 중추적인 역할을 했다.

11 기원전 4년경~기원후 65. 고대 로마제정기의 스토아 학파의 철학자. 네로의 과욕에 위태로움을 느낀 나머지 62년 네로에게 간청해 관직에서 은퇴했으며, 65년 네로에게 역모를 의심받자 자살했다. 스토아주의를 역설했다. 저작으로 《노여움에 대하여》, 《자연학 문제점》 등이 있다.

12 기원전 335년경~263년경. 고대 그리스의 스토아 학파 철학자. 스토아 학교의 개조로 절욕節慾과 견인堅忍을 주장했다. '자연과 일치된 삶'이 목표였다. 그의 철학은 윤리학이 중심이며, 인생의 목표인 행복은 우주를 지배하는 신의 이성, 즉 로고스를 따르는 일이라 했다.

13 알렉산더 대왕 혹은 알렉산드로스 대왕Alexandros the Great(기원전 356~기원전

323). 마케도니아의 왕(재위 기원전 336~323). 그리스 · 페르시아 · 인도에 이르는 대제국을 건설하고 그리스 문화와 오리엔트 문화를 융합시킨 새로운 헬레니즘 문화를 이룩했다.

[14] 스토아 학파의 그리스 철학자. 스토아 학파의 태두로서 스토아 철학의 본래의 유물론적 일원론에 플라톤주의를 가미해 관념론적 · 이원론적인 색채를 띠었다. 또한 엄격주의 윤리설을 보완해 절충적인 중기 스토아파 철학을 확립했다.

[15] 1927년생. 미국의 종교사회학자로 하버드대학과 캘리포니아 버클리 캠퍼스에서 교수를 역임했다. 종교의 사회적 현상을 분석하며 미국 사회와 종교의 지속적인 개인화 현상에 대해 분석했다. 주요 저서로《도쿠가와 시대의 종교》(1957), 《파기된 계약서》(1975) 등이 있다.

[16] Ronald Philip Dore. 1925년생. 영국의 사회학자. 런던대학 명예 교수로 일본의 도시 · 농촌 · 기업체 조사를 정력적으로 전개했다. 쓴 책으로《도시의 일본인》《영국의 공장 일본의 공장》등이 있다.

[17] 1934년생. 프랑스 문학자, 평론가. 도쿄대학 불문과 졸업, 히토츠바시一橋대학 교수, 칸사이가쿠인關西學院대학 교수를 지냈다. 사르트르, 프란츠 파농 등 좌익 저항사상 문학을 전공하고 그와 관련된 책들을 번역하며 평론 활동을 전개했다.

[18] 헤이안 시대 초기의 법상종法相宗 승려. 명리를 싫어해 은둔했는데, 그의 높은 덕을 역대 천황들이 흠모했다 한다. 법상육조法相六祖의 한 사람.

[19] 헤이안 후기의 가인歌人 · 승려. 속명은 사토 노리키요佐藤義淸. 23세 때 출가해 풀로 엮은 암자에서 살고, 여러 지역을 행각하면서 노래를 불렀다. 가집家集으로《山家集》가 있다.《新古今集》에는 94수가 실려 있다.

[20] 1913~2002. 역사학자(일본사상사 전공). 도쿄교육대학 명예 교수를 지냈다. 본문에 인용된 것 외의 저작으로《上代佛敎思想史》(畝傍書房, 1947),《中世佛敎思想史研究》(法藏館, 1952) 등과《家永三郎集全》16卷(岩波書店, 1997~1999) 등이 있다. 세 차례에 걸친 교과서 검정 소송의 원고로도 유명하다.

21 일본 신화에서 아마테라스 오오카미天照大神를 위시해 신들이 살고 있다고 여겨지는 천상의 세계. '네노쿠니根の國', '소코쓰네노쿠니底つ國'에 대칭되는 세계이며, 그들 사이에 '아시하라노나카쓰쿠니葦原の中つ國', '우쓰시쿠니顯國'가 있는 것으로 여겨졌다.

22 라틴어로는 cognoscentia. gnosis는 그리스어로서 인식, 앎, 지식 또는 깨달음으로 번역된다. 그러나 그 종교적이고 복합적인 의미 때문에 보통 그노시스, 영지靈知라 한다.

23 1936생. 종교학자 · 윤리학자 · 도쿄대학 명예 교수. 전공은 윤리학 · 일본윤리사상사이다. 주요 저작으로 《隱遁の思想 西行をめぐって》(東京大學出版會, 1977), 《日本倫理思想史》(東京大學出版会, 2003), 《古事記神話を讀む '神の女', '神の子'の物語》(靑土社, 2011) 등이 있다.

24 헤이안 말기부터 가마쿠라 시대 초기에 살았던 가인歌人이자 수필가, 설화집 편집자. 대표작 《方丈記》는 세상의 무상함과 방장方丈이라는 암자의 평안함을 유려한 문체로 그려 낸 것으로 《徒然草》(1331경)와 은자문학隱者文學의 쌍벽으로 여겨진다. 가론서歌論書 《無名抄》(1211이후?), 불교 설화집 《発心集》(1215?), 가집家集 《鴨長明集》(1181) 등이 있다.

25 가마쿠라 시대부터 남북조南北朝 시대에 걸쳐 살았던 가인歌人 · 수필가. 본명은 우라베 가네요시卜部兼好. 요시다 겐코吉田兼好는 후세의 속칭. 와카和歌와 문장에 뛰어났으며, 가집 《兼好法師集》, 수필 《徒然草》 등을 남겼다.

26 헤이안 시대 말기에서 가마쿠라 시대 초기에 걸쳐 살았던 정토종淨土宗의 개조. 히에이比叡산에서 천태天台 및 여러 종파를 공부했으며, 1175년 칭명염불稱名念佛에 전념하는 입장을 확립한 정토종을 열었다. 주요 저서로 《選擇本願念仏集》 등이 있다.

27 가마쿠라 시대 초기에서 중기에 걸쳐 살았던 승려. 정토진종淨土真宗의 개조. 29세 때 호넨에게 배웠으며, 타력교他力敎(타력에 의해 극락왕생을 구하는 교문)에 귀의했다. 정토진종을 개창하고 아미타阿弥陀에 의한 만인구제를 주장했다.

주요 저서로《教行信證》,《愚禿抄》등이 있다.

28 가마쿠라 시대 후기의 선승禪僧. 일본 조동종曹洞宗의 개조. 히에이산에게 수학했으며 송나라에 가서 천동여정天童如淨의 법을 이었다. 주요 저서로《正法眼藏》,《普勸坐禪儀》,《學道用心集》등이 있다.

29 가마쿠라 시대의 승려. 일련종日蓮宗의 개조. 히에이산 등에서 수학했으며 법화경法華經 신앙을 주장했다. 다른 종파를 공격해서 압박을 받았으며,《立正安國論》필화筆禍로 유배당하기도 했다. 주요 저서로《開目抄》,《觀本尊十抄》등이 있다.

30 헤이안 시대 초기의 승려. 일본 천태종의 개조. 히에이산에 들어가 근본중당根本中堂을 건립했다. 804년 구카이空海와 함께 당나라로 갔다가 이듬해 귀국했다. 지은 책으로《守護國界章》,《顯戒論》,《山家學生式》등이 있다.

31 교토에 있는 정토진종 혼간지파本願寺派의 본산.

32 일본 문학사에 있어서의 구분으로 헤이안 시대의 문학(중고中古 문학)과 가마쿠라 시대의 문학(중세 문학) 사이의 이행기에 해당한다. 문학의 중심은 와카이다. 연대는 애매하지만 후지와라노 사다이에藤原定家가 살았던 80년(1162~1242) 혹은 고토바인後鳥羽院이 살았던 60년(1180~1239)를 대응시키는 경우가 많다.

33 1162~1241. 가마쿠라 시대 초기의 가인. 유심체有心體의 상징적 가풍歌風을 확립, 가단歌壇의 지도자로 활약했다.《新古今和歌集》의 찬자撰者 중 한 사람. 나중에《新勅撰和歌集》을 편찬하고《源氏物語》등의 고전의 교정·연구자로서도 뛰어난 업적을 남겼다. 가집으로《拾遺愚草》, 가론서歌論書《近代秀歌》,《每月抄》,《詠歌大槪》, 일기《明月記》등이 있다.

34 1149~1201. 헤이안 시대 말기에서 가마쿠라 시대 초기에 걸쳐 살았던 여류 가인. 고시라카와後白河 천황의 제3황녀.《新古今集》에 그의 작품 중 49수가 들어 있으며 가집으로《式子內親王集》이 있다.

35 차시쓰. 다회茶會를 베푸는 방. 일본의 독특한 건축 양식으로, 다다미 넉 장 반을 기준으로 하며 중앙에 화로를 두고, 도코노마床の間·니지리구치躙り口(다

실 특유의 낮은 출입문) 등이 붙어 있다.

36 마쓰오 바쇼松尾芭蕉. 에도 시대 전기의 하이쿠 작가. 후카가와深川의 바쇼암
芭蕉庵에 살면서 담림풍談林風의 하이카이俳諧를 벗어나 독자적인 기풍을 확
립했다. 각지를 여행하면서 발구發句나 기행문을 남겼다. 그가 남긴 하이쿠는
대부분 《俳諧七部集》에 수록되어 있다. 기행문 《野ざらし紀行》, 《笈の小文》,
《更科紀行》, 《奥の細道》, 일기 《嵯峨日記》 등이 있다.

37 센노 리큐千利休. 안도安土·모모야마桃山 시대의 다인茶人. 와비차侘茶의 대
성자大成者. 센가류千家流의 개조. 초암草庵풍의 다실을 완성했으며, 조선의
찻잔과 일상잡기를 다도구로 받아들였다. 낙다완楽茶碗을 제작, 지도하기도
했다. 오다 노부나가·도요토미 히데요시를 섬겼는데, 히데요시의 명으로 자살
했다.

38 12, 13세기 유럽에서 위세를 떨친 그리스도교 이단으로 카타르파cathars라 하
기도 한다. 청정무구를 의미하며, 물질을 악의 근원으로 여기며 신과 대립시키
는 이원론과 육식·결혼생활, 재산의 사유 등을 부정하는 극단적인 금욕주의
가 특징이다.

39 1914~1996. 전후 일본의 대표적인 정치학자이자 정치사상사의 권위자. 도쿄
대학 교수와 명예 교수를 지냈다. 정치학과 사상사 연구에서 독자적인 학풍을
확립해, '마루야마 정치학'과 '마루야마 사상사학'으로 불리고 있다. 전집 《丸
山眞男集》 전 16권, 별권 1(岩波書店, 1995~1997)을 위시해 《丸山眞男座談》 전9
책(岩波書店, 1998), 《丸山眞男講義錄》, 전7책(東京大學出版會, 1998~2000), 《丸山
眞男書簡集》 전5권(みすず書房, 2003) 등이 있다.

40 한국어로 번역되어 있다. 김석근 외 옮김, 《충성과 반역: 전환기 일본의 정신사
적 위상》(도서출판 나남, 1998).

41 1716~1735. 쇼토쿠正德 이후부터 겐분元文 이전에 이르는 시기.

42 에도 시대 중기의 무사들의 수양서修養書. 11권. 정확하게는 《하가쿠레키키가
키葉隱聞書》이다. 나베시마번鍋島藩의 한시藩士 야마모토 쓰네토모山本常朝

가 말한 것을 다시로 쓰라모토田代陳基가 기록한 것이다. 1716년 성립되었으며 상무尚武 사상이 일관되게 흐르고 있다. 하가쿠레 논어葉隱論語, 나베시마 논어鍋島論語라고도 했다.

43 철학자·윤리학자·문화사가. 교토대학과 도쿄대학 교수를 지냈다. 윤리학의 체계화와 문화사 연구에 크게 공헌했다. 문화 훈장을 수여받았다. 주요 저서로 《ニイチェ研究》(1913), 《古寺巡禮》(1919), 《風土》, 《鎖國》(1935), 《日本倫理思想史》(1952) 등이 있다.

44 1198~1261. 가마쿠라 시대 전기의 무장武將. 로쿠하라 탄다이六波羅 探題·렌쇼連署를 역임했으며, 형인 싯켄執權 호죠 야스토키北條泰時를 보좌했다. 나중에 출가했다. 그가 남긴 〈호죠 시게토키 가훈北條重時家訓〉은 후세의 무가 가훈의 전범이 되었다.

45 1305~1358. 무로마치 막부의 초대 쇼군. 겐코의 변元弘の變에서 로쿠하라를 공격했지만 나중에 천황을 배신, 지묘인토持明院統의 고묘光明 천황을 세워 북조北朝를 일으켰다. 1338년(延元 3년, 曆應[일본 왕실의 한 계통] 元年) 세이이타이쇼군征夷大將軍이 되어, 무로마치 막부를 창시했다.

46 막부 말기, 메이지유신 초의 사상가. 구마모토熊本 한시藩士 출신이다. 에치젠 후쿠이번越前福井藩의 초청을 받아, 개국무역開國貿易·식산흥업殖産興業 등 부국강병책에 의한 번정藩政개혁을 지도했다. 또한 막부의 공무합체公武合体 운동을 추진하기도 했다.

47 에도 시대 말기의 무사·병학자·사상가. 처음에는 주자학을 공부했으나 나중에 란가쿠蘭學를 배웠으며, 서구의 과학기술 섭취에 의한 국력의 충실을 주장했지만 교토에서 양이파攘夷派에게 암살당했다.

48 막부 말기의 무사·사상가·존왕론자尊王論者. 구미로 유학하고자 페리의 배로 밀항을 기도했다가 실패해 투옥되었다. 출옥 후 하기萩에서 이토 히로부미伊藤博文 등 메이지유신 주역들을 길러 냈다. '안세이安政의 대옥大獄'에서 잡혀 처형당했다.

49 막부 말기에서 메이지 시대에 걸쳐 활약한 정치가. 기도 다카요시木戸孝允, 오쿠보 도시미치大久保利通와 함께 '유신 3걸'로 불리고 있다. 정한론征韓論을 주장했지만 받아들여지지 않자 귀향해 서남전쟁西南戰爭을 일으켰다. 패배로 인해 자결했다.

50 에도 시대의 쇼군 가문 직속의 가신단 중에서 고쿠다카石高가 1만 석 미만이면서 의식 등에서 쇼군이 출석했을 때 참석해 알현이 가능한 가격家格을 지닌 이들을 가리킨다.

51 일반적으로 일본의 에도 시대 후기의 막부 말기, 메이지유신 이전에 활약했던 재야의 인물을 가리킨다.

52 1920년생. 역사학자. 전공은 일본 사상사. 도호쿠東北大學 명예 교수. 일본학술원 회원. 주요 저서로 《義理と人情—日本的心情の一考案》(中公新書, 1969), 《德川合理思想の系譜》(中公叢書, 1972), 《實學思想の系譜》(講談社學術文庫, 1986), 《一語の辭典 義理》(三省堂, 1996) 등이 있다.

53 1926년 12월 25일부터 1989년 1월 7일까지 히로히토 천황 때의 일본 연호.

54 1867~1916. 소설가·영문학자. 자연주의에 대립하면서 심리적 수법으로 근대의 고독과 에고이즘을 추구했다. 만년에는 '칙천거사則天去私'의 경지를 추구했다. 일본 근대 문학의 대표적인 작가이며, 작품으로 〈吾輩(わがはい)は猫である〉, 〈坊っちゃん〉, 〈三四郎〉, 〈それから〉, 〈行人〉, 〈こころ〉, 〈道草〉, 〈明暗〉 등이 있다.

55 1883~1971. 소설가. 잡지 《시라카바白樺》를 창간했다. 강렬한 자아의식과 간결·명석한 문체로 리얼리즘 문학의 걸작을 남겼다. 작품으로 〈城の崎にて〉, 〈和解〉, 〈暗夜行路〉, 〈灰色の月〉 등이 있다.

56 1904~1953. 소설가. 소설가 아쿠타카와 류노스케芥川龍之介에게 사사했다. 프랑스 문학, 특히 심리주의적 수법의 영향을 받아 지성과 서정이 융합된 독자적인 세계를 구축했다. 작품으로 〈聖家族〉, 〈風立ちぬ〉, 〈菜穂子〉, 〈美しい村〉 등이 있다.

[57] 1871~1930. 소설가. 《분쇼세카이文章世界》의 주필로서 자연주의를 표방하고 평면묘사론平面描寫論을 주장했다. 〈蒲團〉, 〈生〉 등의 저서로 자연주의 문학을 대표하는 작가 중 한 사람이 되었다. 그 외에 〈田舍敎師〉, 〈時は過ぎゆく〉, 〈百夜〉 등을 남겼다.

[58] 1879~1962. 소설가·극작가·평론가. 자연주의 작가로서 허무적 인생관을 객관적으로 그렸다. 소설로 〈何処へ〉, 〈泥人形〉, 희곡으로 〈安土の春〉, 평론으로 〈作家論〉 등이 있다.

[59] 1872~1943. 소설가. 복잡한 가정, 허약한 체질, 가계의 궁핍함에서 오는 열등의식이 그 소극적이라 할 수 있는 인생관의 근원이 되고 훗날 작품의 저류가 되었다. 사소설의 획기적 걸작인 〈足跡〉, 〈黴〉로 문단의 지위를 굳혔으며 《德田秋聲全集》 전 42권, 별권 1(八木書店, 1997~2006) 등을 남겼다.

[60] 1887~1928. 소설가. 자신의 생활의 고뇌를 묘사해 파멸형破滅型의 사소설 작가로 여겨진다. 주요 작품으로 〈哀しき父〉, 〈子をつれて〉, 〈放浪〉, 〈湖畔手記〉 등이 있다.

[61] 1905~1969. 소설가·평론가. 제임스 조이스의 〈율리시즈〉, D.H. 로렌스의 〈채털리부인의 연인〉을 번역, 소개했다. 신심리주의 문학을 주창했다. 소설로 〈鳴海仙吉〉, 〈火の鳥〉, 평론으로 〈小説の方法〉, 〈日本文壇史〉 등이 있다.

[62] 1901~1932. 소설가. 가슴을 앓으면서도 냉정하게 자기를 응시하고, 예민한 감각적 표현으로 주옥 같은 단편을 남겼다. 작품으로 〈檸檬〉, 〈城のある町にて〉, 〈冬の蠅〉 등이 있다.

[63] 1914~1937. 소설가. 서울(경성) 출생. 한센병 환자로 입원한 첫날 밤의 경험을 토대로 한 소설 〈いのちの初夜〉로 널리 알려졌다.

[64] 1886~1912. 가인·시인. 젊어서 《묘조明星》에 시를 발표했으며 요사노 텟칸與謝野鐵幹에게 사사했다. 구어체 생활을 3행 형식의 단가短歌로 노래했다. 작품으로 평론 〈時代閉塞の現状〉, 가집 《一握の砂》, 《悲しき玩具》, 소설 〈雲は天才である〉 등이 있다.

⁶⁵ 1878~1923. 소설가. 《시라카바》 창간에 참여했다. 1923년 〈宣言一つ〉를 통해 자기 입장을 표명한 후 애인과 정사情死했다. 소설로 〈或る女〉, 〈生れ出づる悩み〉, 〈カインの末裔〉, 〈惜みなく愛は奪ふ〉 등이 있다.

⁶⁶ 1896~1933. 시인·동화작가. 《법화경》에 경도되었으며 농업 학교 교사·농업 기사로서 농민생활의 향상에 힘쓰는 한편, 도호쿠東北 지방의 자연과 생활을 소재로 시와 동화를 썼다. 시집 《春と修羅》, 동화 〈風の又三郎〉, 〈銀河鐵道の夜〉 등이 있다.

⁶⁷ 나쓰메 소세키의 장편 소설. 《나는 고양이로소이다》를 집필할 때의 생활을 기반으로 한 소세키 자신의 자서전으로 여겨지고 있다. 주인공인 겐조健三는 소세키, 돈을 달라고 조르러 오는 시마다島田는 양부 시오바라 쇼노스케塩原昌之助라고 한다.

⁶⁸ 1941년생. 문예평론가·사상가. 본명은 요시오善男. 2004년 이와나미서점岩波書店에서 《定本 柄谷行人集》(5권)이 간행되었다. 이후 《世界共和國へ》(岩波新書, 2006), 《世界史の構造》(岩波書店, 2010)도 간행되었다. 그의 주요 저작은 한국에도 번역, 소개되었다.

⁶⁹ 단어 자체의 의미는 '개인의 한계를 초월한' 이다. 그리고 '트랜스퍼스널 심리학transpersonal psychology' 이란 개인 또는 자아를 초월한 심리학 또는 초상 체험超常體驗의 심리학이라 할 수 있으며, 전통 심리학으로서의 행동주의나 정신분석학에 대항해 또는 이를 초월한 새로운 심리학을 지향한다는 점에서는 심리학 내부에서의 혁신 운동으로 볼 수 있다.

⁷⁰ 항상성恒常性. 자동정상화장치自動正常化裝置라 하기도 한다. homeo(same)와 stasis(to stand or to stay)의 합성어로서 외부 환경과 생물체 내의 변화에 대응해 순간순간 생물체 내의 환경을 일정하게 유지하려는 현상을 말한다.

⁷¹ 1905~2001. 니체와 초현실주의의 영향을 강하게 받은 프랑스의 소설가이자 평론가.

⁷² 형태를 변형시키다, 일그러지게 하다.

73 흔히 입체파, 입체주의로 번역된다. 20세기 초 야수파(포비즘) 운동과 전후해서 일어난 미술 운동.

74 (남의 심정이나 입장을) 생각함. 남을 헤아리는 마음. 동정. 배려.

75 살펴 헤아림. 짐작. 이해. 추찰推察.

76 1931년생. 도쿄대학 철학과 졸업, 홋카이도대학 교수를 지냈으며 1971년부터 저술업에 종사하고 있다. 분야는 철학·사회사상. 저서로 《生きる場の哲學》(岩波新書), 《靜かな大地—松浦武四郎とアイヌ民族》(岩波書店), 《アイデンティティと共生の哲學》(平凡社ライブラリー), 《個人／個人を超えるもの》(岩波書店) 등이 있다.

찾아보기

한 단어
사전

한 단어 사전, 개인

⊙ 2013년 4월 27일 초판 1쇄 인쇄
⊙ 2013년 4월 29일 초판 1쇄 발행
⊙ 글쓴이   사쿠타 케이이치
⊙ 기획   한림대학교 한림과학원
⊙ 옮긴이   김석근
⊙ 발행인   박혜숙
⊙ 책임편집   허태영
⊙ 디자인   조현주
⊙ 영업 · 제작   변재원
⊙ 펴낸곳 도서출판 푸른역사
    우 110-040 서울시 종로구 통의동 82
    전화: 02)720-8921(편집부) 02)720-8920(영업부)
    팩스: 02)720-9887
    전자우편: 2013history@naver.com
    등록: 1997년 2월 14일 제13-483호
ⓒ 한림대학교 한림과학원, 2013

ISBN   978-89-94079-84-4 93900
세트   978-89-94079-89-9 93900

* 이 저서는 2007년 정부(교육과학기술부)의 재원으로 한국연구재단의 지원을
  받아 간행되었음(NRF-2007-361-AM0001).